OCEAN KAYAK

40 ESCALES ANS DE NAVIGATION

Je dédie ce livre à Francette.

Éditorial : Françoise Chabbert
Direction artistique : Anne Laguarrigue
Conception graphique et mise en page : Alain Gouessant
Corrections : Marie-Paule Rochelois et Francys Gramet
Fabrication : Sandrine Michel et Julien Recurt

ISBN : 978-2-74-243810-5
Numéro d'édition : 267455
Dépôt légal : octobre 2014
Photogravure : IPR (Gentilly)
Imprimé chez Graficas Estella, en Espagne

INTRODUCTION

Quand on aime on a toujours vingt ans,
et quand on aime doublement, quarante !

En cette année 2014, je fête quarante ans de navigation sur trois bateaux successifs d'une part, mais aussi plus de vingt ans de tournage de films documentaires sur les plus belles îles, les plus fascinants paysages du monde. Ces prises de vues nous ont donné l'occasion d'atteindre des lieux qui nous font rêver, mais où, épris de navigation prudente, sûre et confortable, je n'aventurerais pas volontiers l'étrave de mon bateau.
Double raison, donc, d'aimer chaque instant de ces voyages. Mais soyons clairs : vouloir définir les quarante plus beaux lieux visités au long de ces quarante années serait une gageure. Ce livre, dirons-nous, rassemble quarante de nos plus belles escales.
Alors embarquez avec nous, découvrez des destinations lointaines, Marquises, Wallis, Fernando de Noronha. Des îles proches de la France, au large de l'Italie ou de la Grèce. Des villes animées et pourtant entourées d'une magnifique nature, comme San Francisco ou Salvador de Bahia. Des lagons tels ceux des Tuamotu, des Grenadines ou de Palawan. Des destinations peu communes comme le Japon ou la Nouvelle-Angleterre...
À l'instant où j'écris ces lignes, au terme de quelques mois de séjour dans un de nos lagons préférés, je ramène *Banana Split* en solo à Tahiti, pour lui refaire une beauté, avant de reprendre, peut-être, la route de l'ouest du Pacifique ; je dis « peut-être », parce que ces îles sont si dures à quitter...
Avec Francette, qui a réalisé une grande partie des photographies de ce livre, nous aimons partir à la découverte ou à la redécouverte d'autres archipels, sous d'autres latitudes, mais c'est ici que nous avons le plus de plaisir à revenir. C'est un peu facile, je sais, mais cet océan, c'est sans le moindre doute celui que nous préférons. Il est tellement... pacifique.

Pour compléter ces visites en photographies et en souvenirs, nous avons inclus dans ce livre de nombreux « flash codes » ou QR codes, qu'il vous suffira de scanner avec votre smartphone ou votre tablette pour lire en streaming près d'une heure d'extraits de nos films consacrés à une partie des escales de ce livre.
Vous pourrez aussi les télécharger ou les lire, en vous rendant à la page http://www.antoine.tv/video/40-escales/index.html

ANTIGUA & BARBUDA

Double page précédente : Les colonnes d'Hercule signalent l'entrée d'English Harbour, où l'on retrouve les traces de l'arsenal créé jadis par l'amiral Nelson *(ci-dessous)*.

En quête de tranquillité

Il y a trente ans, déjà à la recherche de lieux préservés où fuir l'agitation trop forte des mouillages de Guadeloupe, j'avais eu l'attention attirée par une mention sur une carte des Petites-Antilles : « Parsemé de récifs non balisés et de hauts-fonds dangereux, le nord-est de l'île d'Antigua, comme les parages de sa voisine Barbuda, découragent la plupart des navigateurs de s'y aventurer... » J'avais donc mis le cap sur ces îles, et, avec la plus grande précaution, je m'étais faufilé dans quelques-uns de ces fameux mouillages... et j'y avais découvert des abris si tranquilles, si sûrs, que, malgré la difficulté que présentait leur accès, c'est là que nous avions choisi de passer des semaines et des mois, ne revenant à la grande île d'Antigua que pour nous ravitailler dans les rares magasins de la petite capitale.

Puis j'avais quitté les Antilles, pour découvrir en Polynésie un bien plus grand nombre d'endroits faits selon mon cœur. Revenu en 2001 tourner un documentaire sur les « Caraïbes secrètes », j'avais revisité ces mouillages, et les avais trouvés alors un peu trop fréquentés à mon goût ; il est vrai que nous étions arrivés

Page de gauche, en haut : **Hell's Gate, la porte de l'Enfer, sur la côte nord-est d'Antigua, non loin de Great Bird Island.**
Ci-contre, en haut et au milieu : **La plage de Spanish Point, à Barbuda, et des raisins de mer poussant sur le rivage.**

au cœur d'un grand week-end, où toute la population de l'île a coutume de se diriger vers ces régions. Quant au port le plus célèbre de l'île, English Harbour, sur lequel plane encore le souvenir de l'amiral Nelson, nous l'avions trouvé grouillant cette année-là de centaines, voire de milliers de bateaux en escale, dont quelques-uns des plus beaux yachts du monde.

Quel plaisir ce fut donc, cette année, ayant de nouveau fait voile vers ces deux îles, de constater qu'elles sont, hors saison du moins, restées pratiquement égales à ce qu'elles étaient il y a trente ans ; Great Bird Island, porte d'entrée secrète du North Sound ; la spectaculaire arche de pierre nommée Hell's Gate, la « porte de l'Enfer » ; même la grande et belle Green Island, plus au sud, et plus encore l'île sœur de Barbuda nous ont donné l'impression que le temps s'y était arrêté, ce qui n'arrive pas souvent aux Antilles. Great Bird Island, en particulier, méritait plus encore son nom de « Grande Île aux oiseaux », depuis qu'une colonie d'oiseaux de mer s'y est établie, tourbillonnant au-dessus des eaux turquoise environnantes, et nichant au sommet des petites falaises de l'île.

Pour les amateurs d'oiseaux, Barbuda reste une destination privilégiée : en quelques minutes, une embarcation locale emmène les visiteurs se glisser en douceur en plein cœur d'une merveille de la nature : la mangrove qui occupe le nord de l'île est le refuge de milliers de frégates, qui s'y accouplent aux environs du mois de décembre ; des milliers de bébés frégates, perchés sur les branchages des palétuviers, regardent sans la moindre crainte passer les rares visiteurs.

Bien sûr ces îles ont souffert des mêmes troubles ressentis sur toute la planète : le changement climatique et de violents cyclones ont terriblement endommagé les immenses forêts de corail « corne d'élan » qui tapissaient le lagon ; et la plage de Spanish Point, érodée par la montée des eaux, n'a plus sa splendeur passée ; mais pour moi, le nord-est d'Antigua et l'île de Barbuda restent le secret le mieux caché des Petites-Antilles.

Ci-contre : **Des milliers de frégates viennent nicher dans les mangroves du nord de Barbuda ; les parents ont une étonnante façon de nourrir leurs petits, qui vont chercher au fond de leur gosier les poissons pêchés.**

Autour d'English Harbour, que commanda un jour l'amiral Nelson, partons à la découverte des petites îles qui entourent Antigua.

Bali

Double page précédente : Pont dans le sanctuaire de la Forêt des singes, près d'Ubud.
Ci-dessous : L'imagination et l'habileté des sculpteurs balinais sont sans limites.

Bali

Ma première escale à Bali était plus que fortuite : ayant quitté l'Australie à bord de mon premier voilier, *Om*, j'avais prévu d'éviter l'Indonésie, car ses règlements administratifs et sa surpopulation ne me tentaient guère ; et voilà qu'alors que je passais à bonne distance d'une des îles de l'archipel, une fleur d'hibiscus flottant à la dérive m'était apparue comme un signe, un appel à ne pas négliger totalement ces îles : c'est alors que j'ai mis le cap sur Benoa, le port de Bali... et que j'ai eu le coup de foudre pour cette île géographiquement atypique, joyeuse, exubérante, colorée. Contrairement au reste de l'archipel indonésien, la religion des Balinais les autorise à des expressions artistiques diverses, la reproduction par exemple, en sculpture, en peinture, de l'image des hommes, des femmes, des animaux et des plantes (sans oublier les créatures mythiques de l'hindouisme), ce qui fait de Bali une manifestation artistique permanente, chaque danse, chaque statue, chaque temple ou chaque cérémonie plus éblouissants les uns que les autres.

Page de gauche, en haut : Pura Tanah Lot, l'un des temples marins les plus vénérés de Bali.

Sur les traces des routards

Bien sûr, je n'ai pas été le seul à découvrir Bali et à m'en éprendre au cœur des années 1970 : des milliers de routards et, suivant leurs traces, des millions de touristes en ont fait autant, et les villages côtiers comme Kuta ou Legian peuvent sans souci être évités ; mais il suffit d'affronter quelques heures les routes tortueuses de l'île, sans se formaliser de la dense circulation de deux-roues et de transports en tous genres, pour retrouver l'âme de Bali, les rizières, les forêts, les volcans, les lacs dans lesquels se mirent les temples d'eau, et, partout, le sourire et la gaieté des Balinais – même lors des enterrements, ils gardent leur sens de l'humour et de l'érotisme, et les créatures mythiques qui accompagnent les catafalques sont ornées d'appendices impressionnants qui se dandinent sur des ressorts à la grande joie de ceux qui suivent la cérémonie funèbre.

Ci-dessus : Les innombrables fêtes religieuses balinaises sont l'occasion de belles processions.

Ci-dessous : Le temple de Tirta Empul, à Tampaksiring.

Ci-dessus : Rizière proche du village de Tegallagang, près d'Ubud.
Ci-dessous : Entrée de la grotte de l'Éléphant, Goa Gadjah.

Loin de la foule bigarrée

Les formalités administratives ayant effectivement été très pesantes lors de ma première escale, je n'ai plus eu envie de retourner à Bali en voilier… mais Francette et moi avons toujours du plaisir à retourner nous installer quelques jours dans un des hôtels blottis dans les vallées luxuriantes qui entourent le village d'Ubud, réputé pour ses sculpteurs, ses peintres et ses danses comme le Kecak, que les hommes dansent assis en cercle, éclairés par les flambeaux, leurs mouvements inspirés, semble-t-il, de ceux des singes. Lorsque nous avons eu notre compte de cérémonies, de danses barong et de temples tarabiscotés, nous regagnons l'abri de notre pavillon pareil à un petit temple, cerné d'arbres et de murs moussus, et nous nous livrons volontiers à la douceur des mains des masseurs et masseuses qui contribuent à la réputation de l'île. On peut également trouver à louer, à des prix défiant toute concurrence, des maisons magnifiques et confortables, avec personnel adorable, cuisinière talentueuse, chauffeur stylé et piscine : le bonheur !

Ci-dessous : Dans le Kecak, les Balinais imitent les mouvements et les cris de l'armée de singes qui accompagna le prince Rama, comme le relate le célèbre *Ramayana*.

Ci-contre : Barques sur la rive du lac Batur.
Ci-dessous : Sourire d'un Balinais dans un *resort* luxueux.

L'OKEANOS

Bretagne Sud

Double page précédente : Bateaux de pêche dans le port du Guilvinec.
Ci dessus : Takenn Du, voilier inspiré des sinagots du golfe du Morbihan, ici à Saint-Goustan (constructeur : Erwan Jean).

Ci-dessus : Port-Tudy, sur l'île de Groix.

Les clés du grand départ

« Si tu peux naviguer autour de la Bretagne, tu peux faire le tour du monde à la voile », me dit un jour Gérard Janichon, un marin rendu célèbre dans les années 1970 par une extraordinaire navigation autour de la planète sur le petit sloop *Damien*, du Groenland à l'Antarctique en passant par l'Amazone et la Polynésie. Gérard et son copain Jérôme Poncet venaient de rentrer en France pour se faire construire chacun un bateau d'acier, à bord duquel ils emmèneraient leur compagne, pour une vie sur les océans. Moi, je cherchais les clés du départ, que je voulais être le « grand », et que je prévoyais pour l'année à venir. Je louai donc un petit voilier – un « Brise de mer » – et je me lançai seul, et en octobre en plus, au départ de l'estuaire de la Vilaine, en direction les îles de Bretagne Sud, et même de La Rochelle. Le voyage fut épique ; après quelques jours passés à chercher Houat et Belle-Île à tâtons dans le brouillard, je dus m'abriter à l'île d'Yeu, puis dans le port des Sables-d'Olonne, d'une violente tempête. Enfin, alors que la presse à sensation racontait que j'avais failli me perdre en mer, j'atteignis La Rochelle, y rencontrai Michel Joubert, l'architecte qui dessinait le futur bateau de Gérard et Jérôme, et remis le cap sur la Bretagne Sud… Les épreuves étaient terminées, car lorsque j'atteignis à nouveau l'estuaire de la Vilaine, je vécus en quelques minutes un de ces moments qui vous changent la vie.

Le port de Doëlan *(ci-dessus)* et son phare *(ci-contre)*.

Je ne me rappelle plus ce qui me rendait si joyeux sur ce tas de filets dans le port du Guilvinec.

Un sentiment de plénitude

Les mauvais vents s'étaient calmés, la mer était belle, l'estuaire lisse comme un lac, et une douce brise venue de l'arrière, s'additionnant au courant de flot, me conduisait sous les étoiles et la lune, dans une douceur absolue, vers le mouillage d'où j'étais parti deux semaines plus tôt. Un philosophe trouverait certainement des noms très techniques pour le sentiment de plénitude, de nirvana qui me touchait... Quand, une heure plus tard, j'amarrai le bateau à son corps-mort, ma décision était prise : je partirais faire le tour du monde, et je n'attendrais pas pour cela plus de cinq ans. La Bretagne Sud a donc toujours gardé une place dans mon cœur, et les différentes navigations que j'ai pu y faire m'ont toujours confirmé cette attirance... même si j'ai choisi de naviguer le plus clair du temps dans des eaux... plus chaudes !

Philippe Plisson, peintre de la marine

Page de gauche, en haut : La Ville close de Concarneau.
Ci-dessus : Un voilier au carénage dans le port de Camaret.

Au fil des années j'ai gardé d'excellents souvenirs, entre autres celui d'une croisière à bord d'un catamaran pour le tournage de mon film sur les îles de France – le temps avait été parfait d'un bout à l'autre du tournage, et parfaite la lumière sur Port-Coton à Belle-Île, sur les plages des Glénan ou sur un petit voilier ancien quittant au lever du jour le port de l'île de Sein. Plus bref, mais si chaleureux, une balade avec mon ami le grand photographe Philippe Plisson dans le golfe du Morbihan, sur le bateau à moteur qu'il utilise pour ses reportages, lorsqu'il n'est pas en hélicoptère en train de photographier des vagues gigantesques. Ou encore, moins nautiques mais tout aussi marins, un séjour dans un petit gîte de l'île de Groix, ou trois journées passées à filmer et photographier chalutiers et voiliers au carénage de Doëlan, au Guilvinec ou à Camaret.

Ci-contre : **Retrouvailles avec Philippe Plisson sur un des bateaux qu'il utilise pour réaliser ses photos extraordinaires.**

Christchurch, Akaroa

Double page précédente : La vaste baie d'Akaroa, dans la péninsule de Banks.
Ci-dessus : La cathédrale de carton en cours de construction.

Une cathédrale de carton

En 2010 et 2011, trois tremblements de terre successifs détruisent en grande partie la paisible ville de Christchurch, dans l'île du Sud de la Nouvelle-Zélande. De nombreux bâtiments devront être démolis, en particulier la superbe cathédrale anglicane néogothique qui constituait un des lieux les plus visités de la ville et la fierté de ses habitants ; en 2012, il a été décidé de construire un édifice temporaire, conçu par l'architecte japonais Shigeru Ban et composé en grande partie… de carton, un matériau que l'architecte emploie couramment pour créer des structures d'accueil temporaire pour les réfugiés ; la cathédrale de carton comporte aussi des parties en bois et en acier, ses fondations et ses murs sont faits de conteneurs, et elle est prévue pour une durée de 50 ans.

Ci-contre : **La cathédrale de Christchurch, telle que nous l'avons filmée en 2006, quatre ans avant sa destruction par les tremblements de terre.**

Ci-contre : Le bâtiment portant la fameuse boule horaire de Lyttleton (port de Christchurch), avant le séisme.

Ci-dessus : Le lendemain du séisme, si la tour portant la boule horaire avait résisté, le reste du bâtiment présentait un aspect désolant.

Ci-dessous : Le punting a repris, sur ces embarcations typiques de la rivière Avon, à Christchurch.

Rivière perdue et boule horaire

Les tremblements de terre ont également fait souffrir la jolie rivière Avon, polluée depuis le sinistre ; la municipalité s'emploie à la ressusciter, et on a pu voir reprendre récemment les promenades en *punts*, ces barques à fond plat propulsées par des sortes de gondoliers à chapeau de paille s'appuyant sur une longue perche.

Le séisme a également ravagé le port de Lyttelton, où se situait l'épicentre d'un des séismes, épargnant pourtant partiellement un bâtiment portant le signe distinctif du port, une des seules « boules horaires » restant sur la planète : il s'agit de boules de bois que l'on faisait jadis tomber au long d'un mât, à midi précisément, pour indiquer visuellement aux marins l'heure exacte, et leur permettre de régler leur chronomètre, ce qui était indispensable pour faire le point à l'aide d'un sextant.

Quand la Nouvelle-Zélande faillit être française

Si le port de Lyttelton est plutôt industriel, les navigateurs qui s'aventurent dans cette région jusqu'à l'île

Partons ensemble à la recherche des traces de l'instant où, dans la baie d'Akaroa, la Nouvelle-Zélande faillit devenir française.

Ci-dessous : Monsieur Lelièvre, un des derniers descendants des Français qui s'installèrent à Akaroa au XIXe siècle, fait flotter sur le village les couleurs de la patrie de ses ancêtres.

Page de droite : Le port d'Akaroa est un excellent abri et l'une des meilleures escales pour les voiliers qui s'aventurent dans les parages de l'île du Sud.
Ci-dessous : En plus d'une *French Fest*, de nombreuses inscriptions en français ornent les pensions, hôtels et restaurants d'Akaroa.

du Sud de la Nouvelle-Zélande trouvent un magnifique mouillage en pleine nature dans la baie d'Akaroa, où j'ai eu l'occasion de rencontrer sur la plage un des rares descendants d'une brève épopée française, qui vit un groupe de colons français s'installer sur ce rivage et, ayant acheté la péninsule de Banks aux autochtones maoris, la revendiquer au nom de leur pays. Mais les Britanniques avaient eu vent de leur projet, et s'étaient hâtés de venir prendre possession de la baie et de toute l'île du Sud : il reste de nombreuses traces de cette présence française, dans quelques noms de famille, et sur des pancartes, mais plus aucun des habitants d'Akaroa ne parle français.
Le plus fort des tremblements de terre, celui du 22 février 2011, provoqua des dégâts dans une grande partie de l'île, en particulier dans la région des Alpes du Sud, où le Tasman Glacier « vêla » soudain trente millions de tonnes de glace. Et puis la terre s'est calmée, jusqu'au prochain séisme ; les habitants de Nouvelle-Zélande s'y sont habitués : le pays compte 18 volcans actifs, et sa ville principale, Auckland, est bâtie sur 49 anciens volcans !

CORSE

Ci-dessus : L'intérieur du port de Bonifacio, avec la citadelle (également appelée Ville Haute). *Ci-dessous :* À l'ancre aux îles Lavezzi.

Corse

Mes parents se refusant alors farouchement à prendre l'avion, c'est en bateau que j'ai atteint pour la première fois, sans doute vers l'âge de six ans, l'île natale de mon père, la Corse, dont nous n'avions connaissance que par les cédrats confits qui en provenaient et qui nous étaient envoyés chaque année à Noël. Beaucoup plus tard, lorsque, à l'âge de vingt-cinq ans, j'ai, avec un petit groupe de copains, découvert la navigation de plaisance, c'est la Corse qui fut la première destination de nos croisières, tout au long de ses rivages, de Calvi aux îles Lavezzi. Quand mon premier voilier, *Om*, goûta à l'eau salée en Méditerranée, c'est la Corse qui fut le but de notre première croisière d'essai, en compagnie de l'architecte naval Michel Joubert, et du champion olympique Marc Pajot. C'est enfin la Corse qui fut l'ultime escale insulaire du tour du monde de ce premier voilier.

Double page précédente : Vue de la face maritime de la longue presqu'île escarpée qui protège le port de Bonifacio.

Le salut dans le catamaran

Voyage, lui, ne connut jamais les rivages de la Corse, *Banana Split* non plus, nous avions trop hâte de regagner les tropiques. C'est pourtant au large de la Haute-Corse que se déroula la croisière que je demandai à faire à bord du premier « Cat flotteur » construit par le chantier Prometa, afin de me faire une idée des qualités du bateau avant de commander le mien. J'en revins convaincu que le catamaran était, pour moi, l'avenir.

Mais, comme ce fut souvent le cas, c'est au cours du tournage de notre film sur les îles de France que je visitai le plus grand nombre des hauts lieux de la Corse, à un rythme effréné comme toujours, mais qui me permit d'aborder un bien plus grand nombre des beautés de l'île que n'en découvre, parfois, celui qui y réside bien plus longtemps : le cap Corse balayé par le puissant *libecciu*, L'île-Rousse ensoleillée, la Balagne résonnant des voix des chœurs comme ceux des Muvrini, Calvi et sa citadelle sur un air de Jacques Higelin. Tournée la Revellata, voici la dantesque réserve de Scandola, la délicieuse Girolata, Cargèse aux deux églises, et puis Ajaccio, la Rome corse. Sur la côte est, moins escarpée, Bastia, Porto-Vecchio, Rondinara ; tout au sud, enfin, les îles Lavezzi, amas de roches magnifiques, mais encore endeuillées par le naufrage, en 1855, de *La Sémillante*, qui coûta la vie à 800 marins et soldats.

Recueillement

Mais mon escale corse la plus impressionnante (sans parler bien sûr de mes incursions dans l'intérieur de l'île, vers Corte, la Restonica ou le village natal de mon père, Vivario) restera sans doute la profonde baie de Bonifacio, presque invisible du large, le sympathique accueil des marins et des commerçants du port blotti tout au bout de cette sorte de fjord, et l'ambiance mystérieuse et recueillie dans le cimetière marin, perché tout au bord des falaises.

Faire le tour du monde à bord d'un voilier, je ne vous dirai pas le contraire, c'est merveilleux. Mais il y a des navigateurs qui ont choisi de faire plus simplement le tour de la Corse, et je ne suis pas sûr qu'ils aient tout à fait tort !

Ci-contre : Images d'une escale dans l'archipel des îles Lavezzi, autour du petit cimetière des marins de *La Sémillante (en haut)*.

EL NIDO, PALAWAN

Double page précédente : Busuanga, au nord d'El Nido, dans les îles Calamian ; comme dans l'archipel Bacuit (page de droite), on y trouve de magnifiques lagons, bien cachés.

Ci-dessus : L'archipel Bacuit ne propose que trois *resorts* de luxe ; on se loge à prix plus raisonnables dans le bourg d'El Nido, sur la grande île de Palawan.

El Nido, Philippines

Avril 1991 : laissant *Banana Split* à Saint-Martin, sous la bonne garde de mon regretté cousin le Captain Oliver, je m'embarque pour un projet complètement fou, un tour du monde, seul, en 80 jours, non pas en voilier mais par tous les moyens de transport, d'où je rapporterai une bonne partie des photos d'un prochain livre (*Amoureux de la Terre*) et les images vidéo qui constitueront le premier d'une longue série de documentaires. Je fais le tour de l'Afrique occidentale, puis, après une escale dans les Mascareignes, je débarque à Singapour, où je m'adresse à une agence de voyages : « J'ai dix de mes quatre-vingts jours à consacrer à l'Asie du Sud-Est, que je ne connais pratiquement pas, pouvez-vous m'établir un programme… et n'hésitez pas à le faire dense ! » C'est ainsi qu'en dix jours, j'ai fait une balade à dos d'éléphant dans le nord de la Thaïlande, découvert une luxuriante vallée de Bali (où j'avais fait escale treize ans plus tôt à bord d'*Om*), rendu visite aux orangs-outangs de Sarawak, dans l'île de Bornéo, et au sultanat de Brunei, dont le potentat était l'homme le plus riche du monde.

Karstique et caractéristique

Le programme de l'agence comportait aussi un lieu dont je n'avais jamais entendu parler : la réserve naturelle d'El Nido, dans l'île de Palawan, aux Philippines ; arrivé à Manille, métropole asphyxiée d'embouteillages, j'ai sauté dans un petit avion qui m'a conduit jusqu'à ce bout du bout du monde... et découvert un des plus spectaculaires paysages que notre planète puisse offrir : j'ai retrouvé depuis, en baie d'Ha Long, au Vietnam, à Krabi en Thaïlande, à Cuba ou en Nouvelle-Calédonie, les formes déchiquetées, inoubliables des reliefs karstiques, mais aucune n'atteignait la splendeur des roches qui constituent le petit archipel Bacuit, une des régions les plus spectaculaires de la longue île de Palawan, au large du petit village d'El Nido.

Promesse

Il y a plusieurs façons de découvrir l'archipel : en logeant sur la grande île, dans une des sommaires pensions du village et en participant à des excursions organisées à bord de *bangkas*, ces pirogues à balancier philippines qui sont peut-être les ancêtres des pirogues polynésiennes ; ou en cassant sa tirelire pour loger dans un des *resorts* luxueux de l'île ; on peut aussi, et c'est ce que j'avais eu la chance de faire un instant, s'embarquer sur un voilier qui propose des croisières dans l'archipel. Dans tous les cas, il ne faudra pas manquer les roches aux formes torturées, les cavernes, les plages, les lagons entièrement clos (certains ne sont accessibles qu'en se faufilant en kayak ou à la nage sous une arche de roche). J'ai eu la chance de retourner à El Nido huit ans plus tard, lors du tournage de notre film sur le Grand Pacifique ; Francette a malheureusement manqué ces deux occasions successives… Je lui ai promis de l'emmener enfin découvrir cette merveille de la nature ; et je pense que ce sera pour bientôt.

Page de gauche et ci-dessous : **Les eaux cristallines du nord-est de Palawan promettent des plongées inoubliables.**

FERNANDO DE NORONHA

Double page précédente : Le Morro do Pico révèle la présence de Fernando de Noronha loin au large.
Ci-dessus : Le Morro Dois Irmaos.
Ci-dessous : Le Bar do Cachorro, sur la plage du même nom, a pour mascotte un chien ; c'est un haut lieu de la fête à Fernando de Noronha.

Le Brésil est un pays magnifique, où nous espérons retourner bientôt réaliser un documentaire, mais il a, en particulier pour les navigateurs, un grave défaut : les nombreux fleuves qui se jettent dans la mer font que l'eau n'y est jamais aussi limpide que dans les archipels qui se trouvent en plein océan, comme les Grenadines ou les Tuamotu ; les rivages du Brésil se prêtent peu à la plongée, et la navigation entre les récifs de corail à fleur d'eau, peu visibles, y est difficile. Il existe pourtant un lieu unique, minuscule archipel brésilien situé à quelques centaines de kilomètres de Recife, de Natal ou de Fortaleza, dont les eaux cristallines ont attiré une faune remarquable : ce sont les îles Fernando de Noronha, inscrites au patrimoine mondial de l'Unesco. Pour es visiter, il faut payer une taxe journalière dont le montant croît de façon drastique après cinq ou dix jours ; les bateaux qui traversent l'Atlantique sud, venus du cap de Bonne-Espérance, de Sainte-Hélène ou de l'île de l'Ascension, obtiennent généralement le droit de faire une courte escale, même s'ils n'ont pas fait d'entrée dans un port du continent. L'escale est coûteuse, mais vaut la peine si l'on pense au caractère unique de l'île, si l'on veut observer les « dauphins rotatifs » (*longirostris*, ou stenelle) qui ont élu domicile dans l'une de ses baies, et si l'on songe aux hôtes prestigieux que l'île a reçus.

Le père de la théorie de l'évolution

Parmi ses premiers visiteurs, l'homme qui devait malgré lui donner son nom (ou plutôt son prénom) à tout un continent, Amerigo Vespucci ; il fut le premier à signaler l'existence de cette île, qui fut occupée tour à tour par des Hollandais et par des Français (parmi eux, des frères capucins) qui la baptisèrent « île Delphine ». Francis Drake y fit escale en 1577 durant son voyage autour de la Terre. En 1832, un voilier, le *Beagle*, s'y arrêta ; il explorait les côtes de l'Amérique du Sud avant de gagner le Pacifique ; à son bord, Charles Darwin, âgé de 22 ans. Quelques années plus tard, lorsque le *Beagle* fit escale dans l'archipel des Galápagos, Darwin devait faire les constatations qui l'amenèrent à formuler la théorie révolutionnaire de l'évolution. L'île a aussi servi de prison, et a abrité une base de l'Aéropostale française et une autre de l'armée américaine.

Un séjour très réglementé

Si vous n'allez pas à Fernando de Noronha en voilier, vous pourrez y loger dans de sympathiques auberges, appelées *pousadas* ; vous l'avez deviné, Fernando de Noronha est paradisiaque, mais du fait de son statut de réserve naturelle (la quasi-totalité de la population vit des ressources touristiques), le séjour y est très réglementé (pas plus de 400 visiteurs dans l'île chaque jour, 100 personnes sur certaines plages, interdiction d'utiliser des huiles solaires, qui nuisent aux animaux aquatiques…). Mais dans une île aussi isolée, préservée mais fragile, la conservation est à ce prix !

***Ci-contre, de haut en bas :* L'église de Notre-Dame des Remèdes noyée dans la végétation tropicale; et des dauphins « rotatifs », ici photographiés en mer Rouge.**

PICTO

GAMBIER

Double page précédente : Le voilier-école canadien *Picton Castle* a déferlé ses voiles pour les faire sécher dans le lagon de Rikitea, dans la plus grande île de l'archipel, Mangareva.
Ci-dessus : Banana Split à l'ancre dans une baie déserte de l'île de Taravai.

Ci-dessous : Les motus, îlots bas de la ceinture corallienne de l'archipel, abritent de nombreux oiseaux, comme ce bébé sterne paradis, encore couvert de duvet.

Métamorphoses d'une île

En ce début de l'année 2014, nous sommes revenus naviguer dans les eaux du mini-archipel des Gambier, trente-sept ans depuis ma première visite, à bord de mon premier, bateau la goélette *Om*, au temps où l'archipel faisait partie d'un « périmètre interdit » pour cause d'essais nucléaires dans l'atoll de Mururoa ; vingt-huit ans depuis ma première escale polynésienne à bord du petit sloop *Voyage* ; douze ans depuis mon retour dans l'archipel, pour la première fois à bord du catamaran *Banana Split* ; enfin, quatre années depuis mon plus récent passage, sur *Banana Split* encore, après une virée de quelques années en Nouvelle-Calédonie et en Nouvelle-Zélande.
Bien sûr, en trente-sept ans les îles ont changé sous bien des aspects, les plus remarquables étant la disparition totale des installations militaires, supplantées par l'industrie de la perliculture : jadis récoltées au fond des lagons du Pacifique dans les nacres où elles poussaient naturellement, les perles sont aujourd'hui cultivées dans de vraies « fermes perlières » ; cette culture a connu des succès divers en Polynésie, a rapidement disparu de certains atolls, mais reste florissante aux Gambier, où la qualité des perles noires (en fait revêtant toutes sortes de nuances, jaune, rouge, bleuté...) de l'archipel assure de bons revenus et le plein-emploi : pas

Ci-contre : Étrange silhouette d'une pointe rocheuse de l'île d'Angakauitai, sépulture des anciens rois de Mangareva.
Ci-dessous : Rencontre avec Olivier de Kersauson, qui participait à un reportage sur les Gambier pour *Thalassa*.

le moindre chômeur aux Gambier. Le côté négatif est bien sûr une forte occupation du lagon par des centaines de fermes perlières, certaines construites sur pilotis, et par des milliers de flotteurs qui rendent impossible la navigation de plaisance dans une bonne partie de l'archipel, ainsi qu'un fort chargement en organismes sous-marins, en particulier des algues, qui n'améliorent ni la qualité des eaux du lagon ni les conditions de vie du corail, lequel a beaucoup souffert dans les années 1990, mais semble reprendre timidement des forces depuis quelques années.

Forêt tropicale ou lac de montagne ?

Mais le changement le plus extraordinaire survenu aux Gambier, nous a soudain frappés lorsque nous sommes revenus jeter l'ancre dans une de nos baies préférées, au sud-ouest de l'île de Taravai, que nous avions eu l'occasion de visiter à plusieurs reprises au long de ces années. Impossible soudain de reconnaître le paysage : les hauteurs qui n'étaient il y a vingt ou trente ans couvertes que de hautes herbes sèches offrent aujourd'hui l'aspect de forêts, parfois tropicales, parfois comparables à celles qui se mirent dans les lacs alpins. D'où provient donc une si puissante et rapide métamorphose ?
Je ne peux pas garantir l'exactitude de cette information, qui circule depuis des années en Polynésie : dans les années 1970, des fonctionnaires de l'agriculture, pour lutter contre l'érosion des versants des îles par plantation de forêts, auraient annoncé aux habitants

Dans l'île de Taravai, escarpée et luxuriante une des églises construites sous la férule du père Laval est blottie au centre d'un vaste verger.

Ci-dessus : Cette photo du rivage de Taravai prise en 1986 montre les premiers arbres commençant à pousser, et les montagnes encore couvertes d'herbes hautes.

des archipels reculés de Polynésie française que, s'ils cultivaient des parcelles de terrain que personne ne revendiquait, la terre leur appartiendrait au bout de trente ans. Tentés par l'idée de posséder des terres dans ces îles où les « rois » de jadis étaient propriétaires d'à peu près tout et où les missions religieuses s'étaient bien servies, de nombreux Polynésiens ont planté, sur les versants de montagnes où ne poussaient pratiquement que de hautes herbes sèches et impénétrables, de vastes alignements de pins des Fidji (parfois appelés « pins caraïbes ») et des *falcata*. Quarante ans plus tard, il ne semble pas que la promesse des fonctionnaires ait été tenue, mais les îles Gambier ont, visuellement, été totalement métamorphosées, et leurs flancs, en particulier ceux de Taravai, sont aujourd'hui couverts d'une épaisse forêt, chaque année moins pénétrable... On ne voit pas grand-chose sur la seule photo de l'archipel que j'aie conservée de mon premier passage en 1977, mais la différence entre la photo prise en 1986 (où les arbres commençaient à peine à pousser) et celle prise cette année est assez époustouflante. Le petit faré sur pilotis, consacré à la greffe des nacres perlières, que j'avais filmé pour la première de mes « cartes postales » diffusée chez Michel Drucker en 1990 a, lui, disparu.

Un vestige inattendu de l'époque des essais nucléaires

Bien sûr, le résultat est positif sur le plan de l'esthétique, ainsi que dans le cadre de la lutte contre l'érosion ; hélas, en revanche, ni le bois des *falcata* ni celui des pins ne semblent pouvoir donner lieu à une exploitation forestière, vu l'inaccessibilité des pentes, et l'absence de moyens locaux pour transformer ces arbres en bois de construction. Au moins plusieurs des îles de l'archipel ont-elles échappé à une espèce voisine du pin, dont personne ne semble encore réaliser à quel point elle est invasive, le *casuarina*, ou arbre de fer (localement appelé *aito*) qui a tendance à envahir tous les motus, les îles basses de l'archipel des Tuamotu-Gambier mais aussi les îlots de la barrière qui entoure les îles de la Société : ils y ont été introduits pour leur capacité à donner en quelques années des haies coupant le vent (c'est dans ce but que Moitessier en avait planté dans son motu) ; mais ils produisent d'immenses quantités de graines qui colonisent en quelques années tous les terrains non entretenus... L'aito, à ce jour, par sa forte tendance à remplacer toutes les espèces naturelles du lieu, par la dureté de son bois, qui le rend pratiquement impossible à couper, est le plus regrettable vestige de l'époque du Centre d'expérimentation du Pacifique.

Ci-dessus : Aujourd'hui, une végétation luxuriante recouvre l'île de Taravai.

Ci-dessus : Quelques voiliers venus du continent américain découvrent aux Gambier une Polynésie encore proche de celle d'il y a un demi-siècle.

Gaspésie

Double page précédente : La maison Blanchette, emblématique du parc Forillon, abrite aujourd'hui un centre d'art.

Ci-dessus : Des maisons du village de Percé, et le fameux rocher Percé.

Ci-dessous : Ici, comme à l'île d'Orléans, on rend hommage au grand chanteur et poète Felix Leclerc.

Août 1984 : ayant traversé sans difficulté à bord de *Voyage* une région souvent agitée de tempêtes, le golfe du Saint-Laurent, c'est avec soulagement que j'aborde la remontée du fleuve ; je progresse bien, jusqu'au moment où la marée descendante me fait ralentir, reculer ; il est temps de chercher un abri ; un petit port du joli nom de Cloridorme m'attire, j'y entre à la nuit tombée, cherchant un coin où m'amarrer, quand une somptueuse odeur de cuisine, pommes de terre et oignons frits, monte d'un petit voilier amarré à un quai ; je m'amarre près de lui, et fais la connaissance, autour du plat rustique mais savoureux, d'un des premiers de ces Québécois qui m'accueilleront comme un des leurs au long des mois à venir, au point que je déciderai de passer un hiver entier dans ce pays ; ma remontée du Saint-Laurent effleure des villages appelés Manche-d'Épée, Ruisseau-à-Rebours, Ruisseau-Castor et, plus loin, Saint-Roch-des-Aulnaies. Chacune de mes escales sera plus chaleureuse que la précédente.

Ci-dessous : Faux phare et vrai restaurant, le « Capitaine Homard »… Et pourquoi pas « Capitaine de Crevette » ?

Le grand dérangement

Les habitants de cette région ont une raison, parmi d'autres, d'être accueillants : beaucoup d'entre eux, il y a deux siècles, ont été chassés de chez eux, emmenés à des milliers kilomètres de là ; ce fut le « grand dérangement » par lequel les Anglais exilèrent dix mille habitants francophones de l'Acadie, jusqu'en Nouvelle-Angleterre, en Europe ou en Louisiane, où ces Acadiens devinrent les « Cadiens », souvent écrit « Cajun ». Mais beaucoup d'entre eux, dès que le gouvernement britannique l'autorisa, préférèrent revenir vers les régions proches de l'Acadie qui avait été leur domaine depuis plusieurs générations ; ils s'installèrent ici, au long des rives du bas Saint-Laurent, mais aussi un peu plus au sud, de l'autre côté de la péninsule de Gaspésie, dans la baie des Chaleurs.

Je suis retourné à plusieurs reprises parcourir la route circulaire qui quitte le bord du fleuve pour emprunter la vallée de la Matapedia et atteint la baie des Chaleurs (ainsi nommée par Jacques Cartier, parce que la tem-

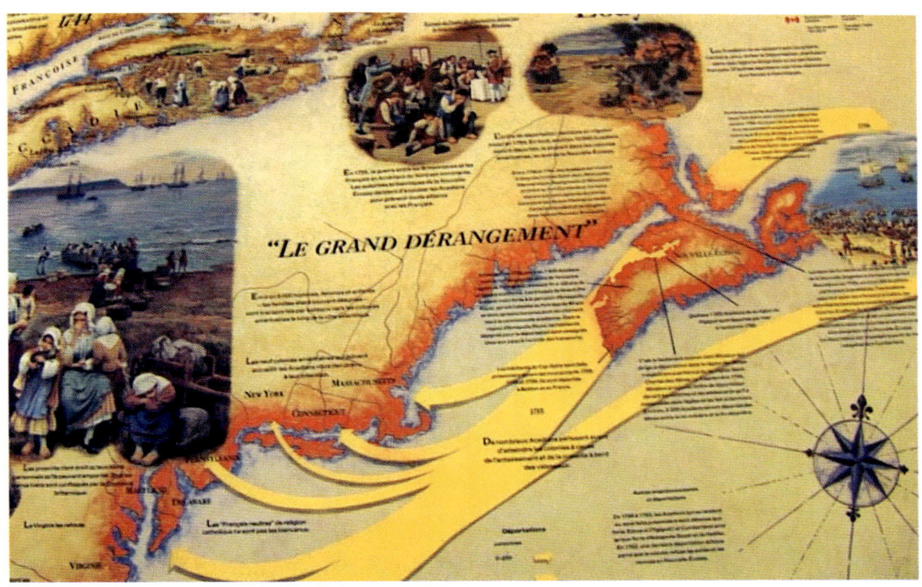

Ci-dessus : Au musée des Acadiens au Québec de Bonaventure, on peut découvrir les nombreux chemins du « grand dérangement ».

Page de gauche et ci-contre : **Quelques-uns des 120 000 fous de Bassan qui ont élu domicile dans l'île de Bonaventure.**

pérature de l'eau y était… de un ou deux degrés supérieure à celle des régions environnantes). Dans le petit village de Bonaventure, le musée des Acadiens au Québec est un bon moyen de connaître les aventures de ce peuple exilé.

L'île des fous

Bonaventure est aussi le nom donné à une île qui se trouve au voisinage de la pointe de la péninsule et de la ville de Gaspé : on y trouve la plus grande colonie au monde de fous de Bassan, plus de 120 000 individus, étagés au flanc de la falaise, ou sur le vaste plateau, où ils se laissent approcher sans la moindre peur. Et puis, bien sûr, il y a la roche emblématique qui marque l'entrée du cours du fleuve, le rocher Percé ; il comptait trois arches lorsque Jacques Cartier le découvrit, il n'en a plus qu'une aujourd'hui.

Ci-dessous : **La seule arche restante du rocher Percé, lui aussi un refuge pour les oiseaux de mer, et, à son pied, pour les homards de Gaspésie.**

Sur les traces des anciens Acadiens dans la baie des Chaleurs, au pied du rocher Percé et dans le parc Forillon.

COURTS
COURTS

GRENADE

Double page précédente : Le carénage et le bourg de Saint Georges.
Ci-contre : Maisons colorées du port.

Cyclone et révolution

L'île de Grenade, à l'extrémité sud de l'arc des Petites-Antilles, donc en principe hors de portée des cyclones tropicaux, a pourtant terriblement souffert de l'un des plus puissants cyclones de l'histoire, le cyclone Ivan, qui en septembre 2004 causa des dommages considérables ; même la partie sud de l'île, dont les baies étaient réputées être de bons abris à cyclone, vit la destruction de très nombreux voiliers, comme celle de la plupart des maisons de l'île.

Ces dégâts se produisirent une vingtaine d'années à peine après l'autre drame qui avait frappé Grenade : le débarquement des forces américaines, qui voyaient d'un mauvais œil le gouvernement de l'île, ancienne colonie britannique devenue indépendante, se rapprocher de Fidel Castro et de Moscou. Baptisée « Urgente furie » l'opération, commanditée par Ronald Reagan, a laissé dans l'île des traces encore visibles vingt ans plus tard, et le pays dévasté garde encore le souvenir de cette sombre période.

Et pourtant, l'île de la Grenade est superbe, assez peu développée du point de vue touristique, et dotée tout au long de sa côte sud d'excellents abris et de très belles plages ; elle est aussi particulièrement impressionnante lorsque, quittant la ville de Saint-Georges, dont les belles toitures rouges bordent la baie du Carénage, on prend la route du nord, à destination des régions où sont cultivés noix muscade et cacao ; c'est peut-être cette plante, dont la production mondiale est devenue insuffisante, qui assurera, puisque Grenade n'a jamais cessé de la produire, une nouvelle prospérité à l'île. On peut tout apprendre sur cette culture à la plantation Belmont, non loin d'un lac, d'une rivière et d'un domaine qui portent tous trois le nom d'Antoine : pendant plus d'un siècle, Grenade fut française, et l'on retrouve des noms français, comme celui du Rhum de Rivière Antoine (à déguster avec modération !)

Ci-contre, au milieu : Les cabosses multicolores d'où sont extraites les graines de cacao.
Ci-contre : Une autre production de la Grenade : le rhum, en particulier celui de Rivière Antoine.

Outre son île principale, montagneuse et luxuriante, Grenade comprend aussi quelques îles bien plus petites, comme Petit-Martinique, très aride, Saline, où l'on retrouve les traces de l'exploitation du sel qui, avant l'invention de toute réfrigération, permettait seul de conserver le poisson à bord des chalutiers partis pêcher au travers de l'Atlantique, White Island, entourée, on l'aura deviné, d'une magnifique plage blanche, et Carriacou, la plus vaste des Grenadines, qui fut ma première escale, en 1976, dans un archipel que je ne connaissais pas encore ; réputée pour l'abri anticyclones que constitue la mangrove qui borde la baie, Tyrell a vu récemment se développer un excellent chantier naval, et les bateaux sont très nombreux à l'ancre dans la baie. Ils peuvent être tirés de l'eau pour les caréner, ou pour les laisser au sec quelques mois ; dans ce cas les bateaux sont solidement fixés au sol par des sangles. Au cas où un autre cyclone tel qu'Ivan, s'égarant sous ces latitudes inhabituelles, s'aviserait de frapper de nouveau Grenade.

Ci-dessus : Grenade abrite une population de singes Mona, d'origine africaine.
Ci-dessous : L'îlot désert de Saline, devant l'île de Carriacou, une escale importante pour les navigateurs.

Grenadines

Double page précédente : Rivage et cocotiers de l'île de Petit Nevis, au sud de Bequia.
Ci-dessus : Saltwhistle Bay, un des meilleurs mouillages de l'île de Mayreau.

Animalcules et milliardaires

Il était une fois, il y a quelques millions d'années, une île longue de plus de 150 kilomètres qui s'étendait du sud de l'île de Saint-Vincent jusqu'au nord de l'Amérique du Sud, un plateau entouré d'eaux profondes, à la surface presque horizontale, semée simplement de quelques collines éparses, aucune d'elles ne dépassant 100 ou 200 mètres ; et puis le niveau de la mer a monté, elle a submergé le plateau, et seules surnagent aujourd'hui, leurs contours soulignés par les vagues, les collines, devenues une myriade de petites îles aux formes plus frappantes les unes que les autres, un petit collier de joyaux étincelants posés sur le bleu foncé de l'océan et le bleu clair des faibles profondeurs, les Grenadines. Il faut dire aussi qu'à mesure que l'eau montait, des milliards de petits animalcules se battaient pour ne pas se laisser submerger ; nés au flanc des îlots, ils vivaient, mouraient, servaient d'ancrage aux générations successives, construisant des récifs de corail moins spectaculaires sans doute que ceux des Tuamotu, des Maldives ou de la Grande Barrière australienne, mais tout aussi

riches en formes extravagantes et abritant une vie foisonnante et diversifiée.

Aujourd'hui, on vient des cinq continents admirer les îlots et les récifs des Grenadines. La plus grande partie, le nord de l'archipel, appartient à l'île proche de Saint-Vincent, et leur renommée s'est étendue jusqu'au bout du monde ; Bequia (prononcer Békoué), Union Island, Palm Island sont des destinations de choix pour les voyageurs épris de beauté, et pour les navigateurs qui se régalent à croiser dans ces eaux turquoise. Sur quelques-unes, des *resorts* attirent les gens épris de luxe ; l'une d'elles a même su conquérir le cœur des plus grandes célébrités, de Mick Jagger à Rihanna (si la seconde se fait bronzer seins nus sur ses plages, la petite école de l'île a été financée par Jagger, qui venait de quitter l'île le jour où j'y ai fait escale cette année) ; quant à la petite chapelle de l'île, elle a abrité le mariage de Pierce « James Bond » Brosnan, et Sir Paul McCartney, la princesse Margaret, Brian Adams et tant d'autres, célébrités ou milliardaires, ont construit des résidences – parfois pharaoniques – sur les flancs de l'île Moustique.

Page de gauche en bas et ci-dessus : **Sur la grande place de Clifton Harbour, Union Island.**
Ci-dessous : **En route pour la fête sur la grande plage de Mayreau.**

Ci-dessus : Préparatifs d'une régate de yoles à Saline Bay, île de Mayreau.
Page de droite : Un catamaran de location à l'ancre dans le magnifique lagon bleu des Tobago Cays.
Ci-dessous : Un des concurrents de la régate, bien protégé du soleil.

Quant à ceux qui ne sont ni milliardaires ni membres de la jet-set, ils n'ont pas de mal à trouver au fil de l'archipel, hors saison de préférence, des coins où ils peuvent se croire retournés aux temps anciens où les Grenadines n'avaient pas été découvertes ; au « Bout du monde », par exemple, cet excellent, superbe, minuscule mouillage qui s'étend à quelques milles au vent des Tobago Cays, le haut lieu de l'archipel.
Les Grenadines sont si belles et si réputées qu'il y a des gens qui n'atterrissent en Martinique que pour bondir sur un voilier et faire voile vers les Grenadines ; ils ont tort, bien sûr, car la Martinique a aussi quelques belles ressources cachées ; mais on ne peut nier que du point de vue de l'esthétique, les Grenadines offrent l'un des plus beaux spectacles que l'on puisse rencontrer dans l'archipel des Petites-Antilles.

Découvrez du haut du ciel les plus beaux lagons bleu turquoise de l'archipel des Grenadines.

Kauai, Hawaii

Double page précédente et page de gauche en haut : Le fantastique relief volcanique de la côte de Na Pali.

Ci-dessus : L'archipel Hawaii est devenu une immense destination touristique. À Kauai, relativement épargnée, on vient pour le surf, les plages, le café et les ukulélés.

L'île chérie de Hollywood

Les îles Hawaii, comme plusieurs autres archipels du Pacifique, sont alignées selon un axe sud-est/nord-ouest ; cette disposition remarquable s'explique par la façon dont elles sont nées, quand un volcan enfoui sous la mer, formant un « point chaud », a provoqué la naissance d'une île ; à l'éruption suivante, la plaque tectonique constituant la croûte terrestre locale s'était déplacée vers le nord-ouest, et une autre île naissait ; la plus ancienne, déjà, commençait à être érodée par la mer, perdait ses plus hauts sommets, finissait par disparaître, ne laissant parfois que le « souvenir d'une île », une ceinture à fleur d'eau constituée des milliards de minuscules organismes qui avaient poussé sur le pourtour de l'île, un atoll. Ainsi les deux îles les plus au sud-est de l'archipel, Big Island et Maui, sont les plus jeunes et leur volcanisme est encore très actif ; les îles plus au nord-ouest, Oahu, Kauai, plus anciennes, ont déjà vu leur volcanisme s'éteindre, et l'érosion faire son travail.

Dix compagnies d'hélicoptères

Et le travail de l'érosion, à Kauai, a donné naissance à deux des sites les plus spectaculaires de l'archipel, mais aussi du Pacifique tout entier : le canyon de la rivière Waimea, d'une part, prodige d'érosion, que l'on a surnommé le Grand Canyon du Pacifique. Mais surtout, si impressionnantes que ce sont plus de dix compagnies d'hélicoptères qui se sont créées pour emmener les visiteurs les observer, le volcanisme puis l'érosion ont donné naissance aux falaises de Na Pali, un rivage inaccessible de la mer comme de la terre, et qui fait alterner les traces d'immenses bouillonnements de magma et des versants hérissés de centaines d'aiguilles acérées.

L'archipel Hawaii, c'est un peu la Polynésie française... mais à l'échelle américaine ; il accueille cent fois plus de visiteurs que Tahiti et ses îles, et les développements

Ci-dessous : Dans ce petit village, les habitants ont élevé une statue colorée d'un de leurs anciens, aujourd'hui disparu, et de son animal de compagnie.

Page de gauche en bas : C'est l'érosion qui a creusé les gigantesques falaises du canyon de la rivière Waimea, appelé Grand Canyon du Pacifique.

Ci-contre : La Fern Grotto, la « grotte des Fougères », atteinte au terme d'une navigation sur la rivière Wailua.

touristiques des îles les plus fameuses, en particulier Oahu, où se trouvent la ville de Honolulu et la plage de Waikiki, sont souvent excessifs. Kauai, elle, a su garder une dimension humaine ; quelques régions de l'île sont livrées à l'urbanisation, mais le reste est une parfaite image d'une île polynésienne, montagnes abruptes, forêts, plages dorées et quelques récifs de corail : les cinéastes ne s'y sont pas trompés, qui ont choisi Kauai pour tourner des scènes de *Jurassic Park*, *Les Aventuriers de l'Arche perdue* ou ce classique du cinéma que fut *La Taverne de l'Irlandais* (*Donovan's Reef*), avec John Wayne.

Un Gauguin chanceux

Dans le sud de l'île, on trouve des plantations de café, des petits villages qui semblent n'avoir pas changé depuis le XIXe siècle : dans l'un d'eux, une sorte de Gauguin heureux, Christian Riso, s'est installé, et propose aux touristes ses visions colorées de la beauté et de la tranquillité de la vie à Kauai… Gauguin, en 1905, aux Marquises, n'avait pas la chance d'avoir une clientèle touristique !

Les îles Hawaii, malheureusement, ne sont pas une destination très tentante pour les vagabonds des mers que nous sommes, car elles ont peu de mouillages abrités où ancrer nos bateaux, en dehors de quelques marinas saturées ; mes seules escales dans ces îles, donc, je les ai faites par la voie des airs, en particulier quand, avec notre ami et collaborateur Arnaud, cameraman et pilote, nous avons parcouru l'archipel à bord d'un petit avion monomoteur loué à l'aéro-club de Honolulu. Et ces heures passées à admirer, photographier et filmer ces îles du haut du ciel, nous ont laissé un souvenir inoubliable.

Page de gauche :
Les chutes de la rivière Wailua.

Ci-dessus : Une feuille de taro, dont la racine constitue une grande partie de l'alimentation traditionnelle des Hawaiiens.

Ci-dessus : Christian Riso a créé ici son Atelier des tropiques et sa boutique rencontre un beau succès.

Hiva Oa & Marquises Sud

Double page précédente : Une baie inaccessible de la côte nord de Hiva Oa.
Ci-dessous : l'*Aranui* devant le rocher de la baie de Hane, dans l'île de Hua Huka.

Gauguin, Brel, et des pics

Deux semaines plus tôt, à 1491 milles des Marquises, mon pilote automatique avait rendu l'âme ; traversant le Pacifique en solitaire, j'avais dû me débrouiller avec une solution de fortune qui avait failli m'abandonner à chaque instant. Vous imaginez ma joie lorsque je suis enfin entré dans la baie des Vierges, à Fatu Hiva, la première île au sud-est des Marquises. La beauté irréelle de l'endroit aurait suffi à la rendre inoubliable, ces pics dominant le rivage, les montagnes abruptes, les arcs-en-ciel qui se succédaient au-dessus des crêtes : le mouillage de la baie des Vierges est sans aucun doute un des plus spectaculaires d'un tour du monde.

Les visiteurs de l'*Aranui*

Un spectacle réservé à quelques privilégiés, car l'île n'a pas d'aérodrome, et reçoit seulement la visite une fois par mois de l'*Aranui*, un petit cargo mixte qui transporte à la fois le fret et des visiteurs, qui assurent (avec quelques salaires de fonctionnaires) l'essentiel du revenu de Fatu Hiva : les touristes sont friands des sculptures sur bois de *tou* ou de *miro*, et des étoffes de *tapa* – obtenues en martelant longuement l'écorce

Ci-dessus : *Banana Split* à l'ancre dans la fabuleuse baie des Vierges, une des plus belles escales d'un tour du monde, dans l'île de Fatu Hiva.

Ci-contre et ci-dessus : Un sourire marquisien pour accueillir les passagers de l'*Aranui*, le petit cargo mixte qui transporte marchandises et passagers, émerveillés de découvrir chaque jour une nouvelle île des Marquises.

Ci-contre : Une cascade de l'île de Fatu Hiva.

Ci-dessous : Une belle reconstitution de la Maison du Jouir que Paul Gauguin avait construite à Atuona, dans l'île de Hiva Oa.

du mûrier. Les *tapa* sont ensuite ornés de dessins qui rappellent un peu les tatouages polynésiens, d'ailleurs. Si vous faites un jour escale sur votre voilier – c'est tout le bonheur que je vous souhaite – à Fatu Hiva, ne vous étonnez pas si, à terre, on vous aborde pour vous proposer ces artisanats, une pratique inexistante dans le reste de la Polynésie. Par ailleurs, le village est tranquille et accueillant, et il suffit d'une heure pour atteindre une magnifique cascade, et se baigner dans le bassin avant de regagner votre bateau qui tire doucement sur son mouillage dans la baie des Vierges.

Artistes : une occasion à saisir

Contents d'avoir coché une ligne de plus de leur « liste des lieux à voir avant de mourir », les voiliers partent ensuite découvrir le reste de l'archipel des Marquises ; Tahuata a quelques superbes plages mais les mouillages y sont inconfortables ; quant à Nuku Hiva, c'est

le souvenir de Paul Gauguin qui lui a valu une célébrité mondiale ; on y a reconstitué la Maison du Jouir qu'il avait construite, s'attirant l'inimitié des prêtres et des gendarmes, et créé un petit musée inspiré du grand rêve de Gauguin de créer l'Atelier des tropiques. Si votre candidature est sélectionnée, vous pourrez séjourner quelques mois dans un des farés traditionnels construits autour de la maison du Jouir, en échange d'un de vos travaux...
On retrouve aussi bien sûr le souvenir de Jacques Brel qui y a vécu quelques années, rendant service à la population en emmenant les malades et les femmes enceintes à l'hôpital de Papeete à bord de l'avion bimoteur qu'il pilotait ; sa tombe se trouve à quelques mètres de celle de Gauguin, dans le petit cimetière fleuri qui domine la baie. Après avoir rendu hommage à ces deux immenses personnages, les navigateurs reprennent le large, direction Ua Huka, l'île des chevaux, et le nord de l'archipel des Marquises, que j'aborde plus loin dans les pages de ce livre.

Ci-dessus et ci-dessous : Gauguin et Brel ont tous deux vécu leurs dernières années à Hiva Oa ; leurs deux tombes sont voisines et l'avion bimoteur de Brel est exposé dans un bâtiment du village.

Dans l'île de Hiva Oa, retrouvez le souvenir de Paul Gauguin et de Jacques Brel, qui ont vécu ici leurs dernières années.

ZKU2037
ZKVP

Îles Cook

Double page précédente et page de droite en haut : Le port d'Avarua, dans l'île de Rarotonga, la capitale de l'archipel des Cook : un vrai Tahiti en miniature.

Une miniature de la Polynésie française

L'archipel des îles Cook, quand on vient de l'est, apparaît comme une miniature de la Polynésie française ; il comporte quelques îles hautes, comme Rarotonga et Aitutaki – sans que leur relief prétende à la splendeur des pics des îles de la Société ou des Marquises ; des atolls composés d'îles basses, simples amas de sable et de corail broyé reposant sur une ceinture corallienne, témoignant de la présence, autrefois, d'une île qui s'est érodée, ou effondrée ; et puis quelques *makatea*, une curiosité géologique qui tire son nom de l'île Makatea, au nord de Tahiti : un ancien atoll qui dépassait à peine, donc, le niveau de la mer, mais qui a été soulevé par un mouvement du fond des mers : le résultat, une île toute plate, entourée d'une falaise à pic, et souvent creusée de nombreuses galeries par l'érosion.

Des bouts de Nouvelle-Zélande au cœur du Pacifique

Rarotonga, la capitale, est une île rocheuse, et malgré l'élévation modeste de son relief, on peut la comparer à Moorea pour sa dimension (on en fait le tour en une heure) et pour le rythme de vie, beaucoup plus calme qu'à Tahiti, du moins dans l'agglomération de Papeete. Mais les îles Cook, ce sont aussi des bouts de Nouvelle-Zélande disséminés au milieu du Pacifique : l'archipel a appartenu quelques décennies à la nation kiwi, et ce n'est qu'il y a cinquante ans qu'il est devenu indépendant. De Tahiti, on y va essentiellement pour deux raisons : parce que, dans cet océan immense et déserté, c'est l'île habitée la plus proche de la Polynésie française, mais aussi pour savourer ce mélange de deux cultures. Dans le port d'Avatiu, on a réellement l'impression d'être retourné au Tahiti d'il y a soixante ans, avant le bouleversement qu'apporta le centre d'essais du Pacifique ; quelques caboteurs s'amarrent un jour ou deux, un grand voilier école vient aider quelques semaines à la desserte des îles isolées, Palmerston, Penrhyn… Malheureusement, Rarotonga ne dispose pas d'un vaste et solide récif pour l'entourer et protéger ses mouillages ; si l'on se trouve dans le port d'Avatiu lorsque le vent vient au nord-ouest, on n'a plus qu'à décamper… Cela peut être le bon moment pour regagner les îles de la Société, ou les îles Australes.

Ci-dessus : Cet étonnant poisson, ramené par des pêcheurs des îles Cook, est un « saumon des dieux ».
Ci-dessous : Un pittoresque voilier à l'ancre devant le port.

Une île pour moi seul

J'ai eu l'occasion de faire halte dans deux autres îles de l'archipel des Cook : Aitutaki, que l'on compare parfois à Bora-Bora ; elle comporte à son centre une île modérément élevée, et elle dispose d'un vaste lagon, mais lors de mes escales celui-ci n'était pas accessible. Un peu plus au nord-ouest, Palmerston, elle, est un simple atoll, sans île centrale, et sans passe ; les bateaux qui y font escale jettent l'ancre dans des conditions précaires à l'extérieur du lagon, et un des membres de la famille Marsters vient les accueillir : presque tous descendus d'un marin nommé William Marsters, qui s'installa dans l'île et qui, à lui seul (enfin, avec trois femmes maories), donna naissance à la quasi-totalité de la population de l'île.
Le solitaire de l'atoll de Suvarov, lui, préféra rester seul jusqu'à la fin ; même après avoir publié un livre mythique, *An Island to Myself* (*Une île pour moi seul*), il préféra retourner dans son atoll désert et y finir ses jours : lorsque je débarquai, en compagnie de Bernard Moitessier, retrouvé à Suvarov par chance, Tom Neale venait de quitter son petit royaume pour l'hôpital de Rarotonga ; il ne revit plus jamais son île, mais depuis, de nombreux navigateurs en escale ont pris soin de sauvegarder son héritage.
Pour ma part, c'est à Suvarov que j'ai vécu trois des jours « insulaires » les plus intenses de ma vie, en compagnie de Moitessier, qui y vivait quelque temps chaque année, pratiquement en autarcie, se nourrissant des cocos, des poissons, des langoustes et des bénitiers que fournissait le lagon.

Ci-dessous : One Foot Island, un îlot de la barrière entourant Aitutaki, souvent comparée à Bora-Bora.

Ci-contre : En 1977, mon voilier *Om* était à l'ancre à côté du *Joshua* de Bernard Moitessier, dans l'atoll de Suvarov (ou Suwarrow), dans les Cook du Nord.

Île de Vancouver

Double page précédente : Végétation dense et mystérieuse de la forêt humide de la côte Atlantique de l'île de Vancouver

Ci-contre : Les voiles de *Canada Place Vancouver*. *À droite et ci-dessous :* deux pittoresques maisons flottantes dans le port de Victoria.

Maisons flottantes et forêts dignes de Tolkien

À moins de deux heures de ferry des voiles de Canada Place, un centre de congrès qui se dresse sur le port de Vancouver, l'île du même nom est grande comme les Pays-Bas, mais n'a que 750 000 habitants (et 12 000 ours noirs). Les eaux que protègent la grande île et l'extrémité nord-ouest de l'État de Washington (aux États-Unis), jusqu'à la ville de Seattle, sont un vrai paradis pour les navigateurs – même si les températures sont loin d'y être tropicales et si la région est très pluvieuse (300 jours de pluie par an sur la côte Pacifique de l'île de Vancouver), à l'exclusion d'une région connue sous le nom de Sunshine Coast, au nord-ouest de la ville de Vancouver.

En souvenir du temps des hippies

La Colombie-Britannique est aussi réputée pour ses *floating homes*, des maisons flottantes qui ne sont pas des bateaux, puisque démunies de moteurs, mais qui en possèdent quelques-uns des avantages et des inconvénients; ce type d'habitat s'était beaucoup développé à l'époque des hippies. De nombreux ferries relient le continent à l'île, d'autres suivent des canaux presque partout protégés de la houle et des tempêtes du Pacifique en direction du nord-ouest, et jusqu'en Alaska. Sur la côte abritée de l'île s'est créée la très agréable ville de Victoria, capitale de la province de Colombie-Britannique, et point de départ vers les villages paisibles de la côte : Chemainus, voyant disparaître l'industrie du bois qui le faisait vivre, a rénové ses bâtiments, et décoré ses façades de superbes peintures murales racontant l'histoire de l'île : visages des Indiens des nombreuses tribus qui vivaient ici avant l'arrivée du capitaine Cook, entrée d'un grand trois-mâts dans le port, vie quotidienne au fil des années... Nanaimo est une escale réputée pour les voiliers vagabonds. Je n'y ai jamais fait escale en voilier, mais avoir sillonné ces canaux à bord de ferrys m'a parfois donné envie d'y amener le mien.

En haut : La ville de Vancouver, surplombée par les montagnes de la Colombie-Britannique.
Ci-dessus : Peintures murales dans la petite ville de Chemainus : visages des Indiens qui habitaient l'île avant l'arrivée des premiers navigateurs européens.

Ci-dessus : Le légendaire Fairmont Empress Hotel, sur le rivage du petit port de Victoria, capitale de la Colombie-Britannique.

Ci-dessous : Un passager clandestin lors d'une traversée du détroit de Juan de Fuca.

Le salut des naufragés

L'île de Vancouver possède aussi une façade ouverte sur le Pacifique, battue par la houle et les tempêtes, par endroits inaccessible : de nombreux naufrages y ayant eu lieu, il avait fallu tracer un chemin – difficile tâche – au long de la côte pour que d'éventuels naufragés puissent regagner à pied la civilisation. Sur cette côte, une région abritée est devenue un must pour les jeunes voyageurs : celle de Tofino, d'où l'on s'embarque pour admirer les cétacés (baleines, orques, bélugas) ou pour aller se baigner dans des sources chaudes. Si la plus grande partie de la forêt pluviale qui occupait toute l'île a péri dans des incendies il y a quelques siècles, il en reste de belles traces dans la région de Tofino, et lorsque l'on marche sous la voûte des arbres chargés de mousse, qui ne dépareraient pas dans les forêts où vivent les elfes des récits de Tolkien, on découvre à leur pied des plantes, fleurs et champignons étranges. Pour que les visiteurs ne les piétinent pas, on a construit une longue et belle passerelle de bois vernis, et les navigateurs qui y ont fait escale y ont gravé le nom de leur bateau.

Ci-dessous : Une belle passerelle de bois verni permet de traverser la forêt de cette île, proche de Tofino ; des marins de passage y ont gravé les noms de leurs bateaux.

Ci-contre : Au bout de la promenade, une récompense : des sources chaudes très appréciées des visiteurs, en particulier des Japonais.

Du port de Victoria, capitale de la Colombie-Britannique, je vous propose de partir à la découverte de la grande île de Vancouver.

KYŪSHŪ

Double page précédente et ci-dessus : Le port de Nagasaki, rayonnant sous le soleil à l'époque de la floraison des cerisiers.
Ci-dessous : Un gigantesque dragon gonflable pendu à la toiture de la gare de Nagasaki.

Des « barbares », des missionnaires, des commerçants, *Madame Butterfly*... et un détestable « Gros Homme »

La plus au sud-ouest des grandes îles du Japon, Kyūshū, comme le pays tout entier, fourmille de sources chaudes et autres phénomènes volcaniques, du volcan Sakurajima, très actif, qui a valu au port de Kagoshima le surnom de « Naples d'Asie », jusqu'à l'immense caldeira du mont Aso ; les sources chaudes y sont parfois brillamment colorées, comme les « enfers » (en japonais, *jigoku*) de Beppu ou ceux d'Unzen.

Lost in translation

La communication, au Japon, où très peu de gens parlent autre chose que le japonais, est souvent difficile. Nous étions un matin venus filmer le vaste ensemble de mares bouillonnantes d'Unzen. Devant une maisonnette dressée à l'entrée du parc, une pancarte portait une inscription en japonais, dont une seule ligne compréhensible : « 300 yens »... Je sortis donc de

ma poche 600 yens et tendis la main pour recevoir deux tickets d'entrée… quand on me tendit en échange un sachet en plastique contenant deux œufs durs ! Renseignements pris, cette cabane était celle d'un marchand proposant des œufs cuits dans la vapeur des sources chaudes.

Le port de Kyūshū le plus célèbre – pour de mauvaises raisons – est celui de Nagasaki. Il fut le premier à s'ouvrir au monde extérieur : des marins portugais puis des missionnaires, bien accueillis au XVIe siècle, persécutés quelques dizaines d'années plus tard, quand le Japon décida de se refermer aux influences extérieures ; ce n'est qu'au XIXe siècle que des marchands européens purent s'établir ; l'un d'eux a peut-être inspiré l'auteur du livret de *Madame Butterfly*, de Puccini ; il a laissé un superbe jardin d'où l'on découvre l'enfilade de l'immense port de Nagasaki, aujourd'hui une magnifique escale, particulièrement spectaculaire lorsqu'on la contemple de nuit, du haut de la colline Inasa.

Ci-dessus : **Des commerçants hollandais s'étaient installés à Nagasaki, inspirant l'architecture de ces maisons.**

Ci-contre : Dans un jardin de Kurokawa, au centre de Kyūshū, mon coin secret : un tanuki porte-bonheur vous y accueille au milieu des sources chaudes.

Une page noire de l'histoire de l'humanité… et des cerisiers en fleur

Et pourtant c'est un tout autre visiteur, détestable, qui a rendu célèbre le nom de cette ville : « Fat Man » (« Gros Homme »), la deuxième bombe atomique lancée par les Américains pour mettre fin à la guerre du Pacifique détruisit le 9 mai 1945 une grande partie de la ville, faisant 150 000 victimes. Le musée de la Bombe atomique, le Jardin de la paix et la cathédrale d'Urakami, entièrement rasée ce jour-là et reconstruite depuis, commémorent le souvenir de cette page noire de l'histoire de l'humanité.

Une journée ensoleillée sur le port de Nagasaki, hier ville martyre, aujourd'hui magnifique et riche d'histoire.

Ci-dessus : Le Sofuku-ji, temple zen de la secte Obaku, témoigne de l'influence de la Chine sur le Japon.
Page de gauche en bas : Le petit village de Kurokawa, aux nombreuses sources chaudes.

Aujourd'hui, Nagasaki est une ville accueillante, plus belle encore à la saison des cerisiers en fleur, le *hanami*, et riche de temples comme le Sofuku-Ji, d'inspiration chinoise, ou celui dédié à la déesse Kannon, qui se dresse sur une tortue géante. Quant à moi, vous me connaissez, après être resté douze ans l'égérie d'une coopérative d'opticiens, il m'aurait été difficile de ne pas aller voir... le pont des Lunettes.

Ci-contre : Le Spectacles Bridge, ou pont des Lunettes, est une des curiosités souriantes d'une ville marquée par l'histoire.

MADAGASCAR

Ci-dessous : Né à Madagascar durant la Seconde Guerre Mondiale, je n'ai, dans mes premières années, connu en fait de pain que le bon riz malgache.
Page de droite en haut : La petite baie de Seranambe, sur la côte est de Madagascar, au sud de la baie d'Antongil.

Double page précédente et ci-dessus : Le port des boutres de Majunga est encore fréquenté par de nombreux voiliers traditionnels de transport.

Né à Madagascar en 1944, j'ai quitté l'île avec ma famille deux ans plus tard à peine, dès que les transports maritimes, à la fin de la seconde guerre mondiale, ont pu reprendre. Au cours de mon enfance, passée dans d'autres lieux exotiques, Saint-Pierre-et-Miquelon ou le Cameroun, la seule référence à Madagascar tenait à quelques souvenirs, coffre sculpté, *sobika* (prononcer « soubique ») ou vanneries, que mes parents avaient emportés ; à un amusant volume d'un héros oublié de la littérature populaire, le soldat Chapuzot ; et surtout aux nombreux mots malgaches que ma famille a continué à utiliser : *fanafody* (« fanafoud' ») pour « médicament », *vaïne* pour « invité » et surtout *sakafo* (« sakaf' ») pour « repas ». Ce n'est qu'à l'âge de 35 ans que j'ai revu mon île natale, mais j'en ai été si conquis que, même si je n'ai plus eu l'occasion d'y retourner en voilier, j'ai eu souvent l'occasion d'y séjourner à nouveau, et surtout de la découvrir du sud au nord par le moyen de transport le plus adapté à cette île immense et dont les routes sont rarement

en bon état : à bord d'un petit avion monomoteur nous permettant de franchir en quelques heures des distances qui auraient nécessité des journées entières en voiture.

Ci-dessous : Sourire malgache..

L'embarras des choix

Comment pourrais-je faire tenir en quelques pages de cet ouvrage l'immense richesse de Madagascar, la variété de ses paysages et de ses climats : il suffit en général d'y parcourir une trentaine de kilomètres pour découvrir un aspect, une végétation, un relief totalement différents. Mon escale à bord d'*Om* avait eu lieu dans le nord, à Diego Suarez (une des pus vastes baies abritées au monde) et dans les eaux de l'archipel Mitsio, la Polynésie malgache; mais j'ai aimé depuis les « hauts plateaux », le centre, où se trouvent Tananarive, Antsirabé, Fianarantsoa; la côte est où j'ai vu le jour, à Tamatave, et, toute proche, la magique île de Sainte-Marie, devant laquelle les baleines

viennent frayer à la saison fraîche. La côte ouest, de Majunga aux baobabs de Morondava, sans oublier les reliefs spectaculaires des Tsingy ou du massif du Makay ; en parlant de massifs, les randonneurs se régalent dans celui de l'Isalo.

Ci-dessus : Un des rares hôtels de première catégorie à Madagascar, à Anjajavy : il fait partie de la chaîne des Relais & Chateaux.

Ci-dessous : Pirogue à voile traditionnelle sur la côte ouest de Madagascar.

La danse des lémuriens

Et puis il y a le sud ; le tourisme international apprécie la région de Tuléar, avec des plages, des dunes, et de fascinantes plongées ; moi, si je devais choisir comme « coup de cœur » un lieu précis de Madagascar, je nommerais, à quelques heures de route de Fort-Dauphin, la réserve de Berenty où, avec un peu de chance et de persévérance, on peut assister à la danse irrésistible des sifakas, les plus amusants des lémuriens. J'ai déjà beaucoup parlé de Madagascar, j'en parlerai encore, et je vous conseille, si vous avez un jour l'occasion de le faire, un petit voyage dans mon île natale, que je ne pouvais évidemment pas omettre dans ce livre !

Page de gauche : À Madagascar, l'île rouge, deux phénomènes d'érosion remarquables : les Tsingy rouges *(en haut)*, proches de Diego-Suarez, et le cirque Rouge de la région de Majunga *(en bas)*.

MARTINIQUE

Double page précédente : La ville de Saint-Pierre endormie, insouciante, au pied du volcan de la montagne Pelée, qui la dévasta en 1902.
Ci-dessus : Vue aérienne de la côte au vent de l'île (ici, le Cul-de-Sac des Anglais).
Ci-dessous : Barques dans le port de la Petite-Anse, au nord-ouest de la pointe du Diamant.

Loin des sentiers battus

Lors de ma première escale en Martinique, en 1976, la plupart des voiliers vagabonds jetaient l'ancre dans la baie de Fort-de-France, ou s'aventuraient, en particulier en fin de semaine, jusqu'à l'anse Mitan, l'anse à l'Âne ou les anses d'Arlet ; personne n'imaginait que quarante ans plus tard, dans une région que n'occupait alors qu'une vaste mangrove, le Cul-de-Sac du Marin, s'étendrait un des plus vastes ensembles réservés à la plaisance au monde, une immense marina, des centaines de bateaux à l'ancre, un port de plaisance presque aussi imposant que le port des Minimes à La Rochelle. Il faut dire que la navigation de plaisance s'est développée de façon exponentielle dans l'archipel antillais, et qu'il faut désormais bien chercher pour trouver des régions peu fréquentées, où l'on puisse se retrouver, seul ou avec quelques bateaux seulement, comme aux temps anciens…

Ci-contre : Régate de yoles dans la baie du Vauclin : les équipiers jouent le rôle de lest au bout de leurs longues perches.

Un secret bien protégé

Et, justement, la Martinique, malgré le développement induit par le tourisme et le statut de département français, possède une région presque vierge, que moins d'un bateau sur mille s'aventure à visiter : la côte au vent de l'île, plus particulièrement au sud de la presqu'île de la Caravelle. Il faut dire que la navigation dans ces eaux n'est pas à la portée de tout le monde ; quand un navigateur modérément expérimenté loue un bateau en Martinique, il a tendance à se cantonner à la côte sous le vent, dépourvue de dangers et aux eaux généralement calmes, les hauteurs de la grande île coupant les ailes de l'alizé ; au contraire, la côte au vent est bordée d'une infinité de cayes et de récifs coralliens, le vent qui porte généralement à terre, la houle arrivant librement de l'autre bout de l'Atlantique, décourage les plus hardis.

La richesse des naufrageurs

Pourtant que de beaux abris s'offrent aux plus téméraires ! Le Cul-de-Sac des Anglais, le Robert, le Vauclin, le François, Petite-Grenade, et la somptueuse presqu'île de la Caravelle, que surplombent les ruines du château des Dubuc : son propriétaire dut une partie de sa fortune, dit-on, à l'habitude de placer un feu au milieu de la presqu'île, faisant croire aux navires de passage qu'ils paraient la pointe, et les envoyant se jeter sur le rivage où il n'y avait plus qu'à dépouiller les épaves... Aujourd'hui la région est calme, riche de beautés et de rencontres : les yoles qui régatent au large du Vauclin ; une vieille maison coloniale, dressée sur l'îlot Oscar : enjeu d'une partie de cartes perdue, elle fut déracinée de l'îlot voisin où elle se trouvait, et « flottée » jusqu'à son emplacement actuel, où elle accueille quelques visiteurs heureux de découvrir la partie la plus préservée de la Martinique. Ou encore, à faible distance, dans les collines qui surplombent Sainte-Marie, la région où se réfugiaient jadis les « nègres marrons », esclaves en fuite, une petite pension dont chaque bungalow porte le nom d'une danse caraïbe, et dont le propriétaire vous racontera avec passion la façon dont la musique venue d'Afrique a pris possession, île après île, rivage après rivage, de la Caraïbe, et puis de tout le continent américain, donnant naissance à la samba, au zouk, mais aussi au jazz.

Ci-contre au milieu et en bas : Deux maisons colorées : une « chapelle hindou » (*sic*), proche de Saint-Pierre, et la légendaire – et minuscule – « maison du bagnard », proche du rocher du Diamant.

Nuku Hiva & Marquises Nord

Double page précédente : Les pics de l'île de Ua Pou sont souvent dissimulés dans les nuages.
En haut : La baie de Hatiheu, une des plus belles de la grande île de Nuku-Hiva.
Ci-dessus : Des dauphins jouent souvent dans la baie des Vierges.

Melville, Cook, et des pics

Si de grands artistes ont marqué l'histoire de l'île d'Hiva Oa, la plus grande île de l'archipel, Nuku Hiva, n'est pas en reste : elle doit ses lettres de noblesse à un jeune marin qui, lassé des mauvais traitements subis à bord du baleinier sur lequel il s'était embarqué, avait déserté avec un copain, et franchi à pied une chaîne de montagnes qu'un visiteur d'aujourd'hui, confortablement installé sur son bateau dans la baie de Taiohae, n'oserait même pas imaginer pouvoir être franchie. Blessé, il avait été accueilli par les guerriers de la baie voisine, celle de Taï Pi ; les anglophones, à Hawaii en particulier, écrivaient différemment les noms polynésiens, d'où le nom, *Typee*, du récit – sans doute un peu romancé – que publia ce garçon lorsqu'il eut regagné les États-Unis, et qui fit sensation, les lecteurs se délectant à l'évocation de scènes de cannibalisme, et surtout de l'image inoubliable dans laquelle Herman Melville, hébergé par les Taï pi, mais également leur prisonnier, navigue à bord d'une pirogue sur un étang de l'île, en compagnie de la jolie Faïaohaé qui, debout à l'avant de la pirogue, déroula l'étoffe de *tapa* qui seule l'habillait pour en faire une voile. Jamais navire n'eut, disait Melville un plus beau mât… Ce livre initia une carrière d'écrivain courte mais extraordinaire, puisqu'elle s'acheva par la publication de l'un des livres les plus importants de la littérature américaine, *Moby Dick*, également inspiré de la vie des baleiniers qui parcouraient les immensités du Pacifique.

Le retour de la pêche

Les mouillages des Marquises ont un gros défaut par rapport à ceux des îles de la Société et aux atolls des Tuamotu : dépourvus de barrières de corail pour casser la houle du large, ils sont presque toujours rouleurs ; et du fait de la présence de nombreuses rivières, l'eau des baies est toujours trouble ; le copain Inia qui s'était dévoué pour partir à la recherche de l'ancre que j'avais – deux jours de suite ! – perdue par des fonds d'à peine 10 mètres (profondeur à laquelle on voit tout clairement aux Tuamotu) – a eu bien du mérite d'arriver à la retrouver par une visibilité de 30 centimètres… tournant longuement autour de la position estimée de l'objet perdu, en essayant de ne pas penser aux requins, parfaitement invisibles, mais assurément présents, vu la coutume locale pratiquée,

Ci-dessus : Les pêcheurs de Taiohae rentrent chaque après-midi du large et découpent les poissons sur le quai du port de la petite bourgade.
Ci-dessous : Une baie de la côte de Ua Pou.

Ci-dessus : La baie Royale de Ua Pou.

Ci-dessous : Ébauche de *Haka* dans la baie de Hakaui.

chaque jour vers 16 heures, par les pêcheurs de Taiohae : venus s'amarrer au quai du village, ils débarquent les volumineux poissons qu'ils ont pêchés, les vident et les découpent, le sang et toutes les parties rejetées finissant à la mer, et rapidement éliminés par les requins. Pour acquérir la force du poisson qui avait vaillamment lutté lors de sa prise, un jeune Marquisien mangeait, dès qu'il l'avait sorti du corps de la bête qu'il vidait, le cœur, cru et battant presque encore, de l'animal. Une scène qui n'aurait pas déparé dans le roman de Melville.

Souvenir permanent d'un sentiment temporaire

Chacune des baies de Taiohae constitue, du fait des routes tortueuses qui les relient, un univers à part ; certaines ne sont d'ailleurs accessibles qu'en bateau ou par un sentier de randonnée, comme la baie de Hakaui, avec sa cascade – une des plus hautes de la planète – ou la baie d'Anaho, le meilleur mouillage de l'archipel, une barrière de corail partielle protégeant la baie ; on ne l'atteint qu'à pied, au départ de la splendide baie de Hatiheu, qui n'offre aucun bon mouillage ; dommage car on y trouve, outre un petit

restaurant où l'ancienne mairesse du village propose des langoustes exceptionnelles, de vastes *marae* (temples de plein air polynésiens) et des pétroglyphes représentant tortues et poissons, et un petit musée dédié en partie à l'art du tatouage : pratiqué dans divers pays du monde depuis l'antiquité, cet art avait disparu en Europe suite à des interdits judéo-chrétiens ; il avait été « redécouvert » en Polynésie par les marins du XVIIIe siècle, avec Cook, Bligh... et Melville : les premiers, ils firent connaître à nouveau cet « art » qui a connu au cours de ces trente dernières années un extraordinaire développement, même si, comme le chante mon copain Jimmy Buffett, il représente « le souvenir permanent d'un sentiment temporaire ». Au moment de quitter les Marquises, sur votre voilier, sur l'*Aranui*, ou en rêve, n'oubliez pas, si le ciel est dégagé, d'aller saluer les « piliers », des pics plus imposants encore que ceux de Fatu Hiva, qui hérissent la tranquille et spectaculaire île de Ua Pou, d'où l'alizé vous emmènera confortablement vers les Tuamotu ou les îles de la Société.

Ci-dessus : La silhouette déchiquetée des pics d'Hakapaa, derrière l'église du village.

Ci-dessus : La vaste baie de Taiohae, escale de l'amiral Dupetit-Thouars comme du navire baleinier d'où déserta Herman Melville, est aujourd'hui très fréquentée par les voiliers de plaisance.

Tatouages, pétroglyphes : sur les traces des anciens Marquisiens dans les baies d'Hakapaa et de Hanamenu, dans l'île de Nuku Hiva.

MATSUSHIMA

Double page précédente : Un petit voilier à l'ancre devant un des 260 îlots rocheux qui protègent la baie de Matsushima.

Ci-contre : Scène de cire au musée consacré au daimyo Date Matsamune.

La baie qui a survécu au tsunami

Le Tohoku est une région peu fréquentée du nord de l'île principale du Japon, Honshū. On y trouve pourtant un des trois sites les plus célèbres du pays : la baie de Matsushima, qui laissa un souvenir impérissable au célèbre poète-ninja Bashō. La région possède aussi d'autres richesses historiques, comme, dans une vallée proche de la ville de Yamagata, le sanctuaire de Yamadera, dont les constructions s'échelonnent à flanc de montagne, au long de plus d'un millier de marches. C'est ici que Basho écrivit un de ses plus célèbres haikus : « Le silence, et, vrillant les rochers, le cri de la cigale. »

Comme dans un tableau d'Escher

Plus au sud, la ville d'Aizuwakamatsu possède – outre un imposant château et un superbe jardin japonais – une étonnante construction hexagonale, le Sazae-do : un double escalier en spirale y semble sortir tout droit d'un tableau du peintre néerlandais Maurits Escher : on emprunte l'un des deux escaliers entremêlés

Ci-dessus : **Lorsque le tsunami atteignit le rivage de la baie de Matsushima, la vague ne mesurait plus que 1,50 mètre, et la population se réfugia sur la colline d'où a été prise cette photo.**

Ci-contre : Sourires et Crocs roses, deux mignonnes Japonaises à l'entrée d'un restaurant de Matsushima.

et superposés pour monter, on redescend par l'autre sans jamais croiser les personnes qui montent.
À quelques kilomètres d'Aizuwakamatsu, la petite ville de Kitakata compte un nombre impressionnant de producteurs de saké : le propriétaire d'une de ces brasseries a découvert que le saké produit était nettement meilleur... si de la musique de Mozart était jouée dans des haut-parleurs dans la brasserie.

Comment fut sauvée Matsushima

La ville côtière de Sendai fut le fief de Date Masamune, un *daimyo* célèbre qui faillit devenir *shogun* et diriger le pays tout entier. Si je vous dis le nom de la préfecture dans laquelle se trouve Sendai, Fukushima, vous songerez immédiatement au terrible tsunami qui ravagea la région en 2011 et déclencha une catastrophe nucléaire. Pourtant, si Sendai fut frappée de plein fouet par les vagues de plus de 10 mètres de haut déclenchées par le séisme, c'est un véritable miracle qui se produisit dans la baie toute proche de Matsushima : les 260 îlots rocheux couverts de pins qui constellent les eaux de la baie agirent comme un véritable frein aux vagues dévastatrices, et, quand elles atteignirent le port de Matsushima, elles ne mesuraient plus que 1,50 mètre : les dégâts furent très limités, et quelques semaines plus tard, Matsuyama était prête à recevoir à nouveau les visiteurs venus l'admirer sur les traces du poète voyageur.

Matsushima constitue, avec Miyajima et Amanohashidate, l'un des trois sites les plus renommés du Japon.

Page de gauche : Vue depuis un des temples de Yamadera, chers au poète Basho ; au-dessous : Dégustation d'huitres à Matsushima.
Ci-contre : Le curieux temple en spirale de Sazae-do, à Aizu Wakamatsu.

Maurice et Rodrigues

Ci-contre : La passe sinueuse qui donne accès à la partie sud du lagon de l'île Rodrigues.

Double page précédente : Vue aérienne du Morne Brabant.

Ci-dessous : L'île Rodrigues étant assez aride et peu propice à la culture, les Rodriguais se tournent vers la mer : ils vont pêcher à bord de ces chaloupes à voile.

Un pacifique melting-pot

L'océan Indien présente, pour les navigateurs, un défaut majeur : il n'a pas les nombreuses îles ni les multiples archipels qui pullulent dans la partie ouest de l'océan Pacifique ; en fait, lorsqu'un circumnavigateur quitte l'Australie vers l'ouest, à part deux petites îles, Christmas et les Cocos (Keeling), plus aucune escale n'est possible sur sa route avant les Maldives (s'il reste dans l'océan Indien nord et fait route vers la mer Rouge) ou l'île Maurice et la Réunion (s'il vise le sud de l'Afrique). Il y a bien aussi Madagascar, mon île natale, mais la navigation, pour diverses raisons, n'y est pas très simple, et peu de navigateurs y font escale, sauf dans la région de Nosy be.

Ci-dessus : Le séchage des zourites (poulpes).
Ci-contre : Des bébés tortues radiata, originaires de Madagascar, voisinent avec les tortues de terre, dites d'Aldabra, dans la réserve Paul Leguat.

Un secret bien gardé

Une jolie escale est tout de même possible, au terme d'une traversée de 1800 milles, dans une île qui m'a toujours attiré et où j'ai eu la chance de me rendre trois fois, l'île Rodrigues, petite île associée à l'île Maurice, mais qui s'est très peu développée. Les quelques bateaux en escale s'ancrent devant le petit bourg tranquille de Port-Mathurin et le vaste lagon offre des possibilités de belles balades, en particulier dans sa partie sud, autour d'une passe si parfaitement sinusoïdale qu'on raconte que le Bon Dieu, lorsqu'il l'a créée, avait dû abuser du rhum de l'île Rodrigues; dans une petite baie du nord, la baie des Anglais, flotte le souvenir de J.M.G. Le Clezio dont les ancêtres étaient originaires des Mascareignes et y avaient cherché un trésor. Aujourd'hui, l'île Rodrigues est particulièrement appréciée des amateurs de windsurf et de kite; une base dédiée à ces sports a été créée jadis par la belle championne Nathalie Simon.

Ci-dessus : Il y a quelques années encore, les Rodriguais découpaient le corail qui constitue une bonne partie de leur île afin d'en tirer des pierres de taille pour la construction de leurs maisons.

Ci-dessus : Au jardin de Pamplemousses, à l'île Maurice, on admire les immenses nénuphars *Victoria regia*, dont les fleurs naissent blanches et périssent rouges ; le palmier talipot, lui, fleurit une seule fois au bout de soixante ans, et puis il meurt.

Ci-dessous : Le dodo, l'oiseau disparu de l'île Maurice.

Un peu plus loin, l'île Maurice, si elle est une extraordinaire destination touristique, offre peu de mouillages aux navigateurs ; il y a le front de mer, récemment rénové, et tout près le pittoresque marché, ainsi que l'anse de Grand'baie : entourée d'hôtels, de restaurants de boutiques, c'est un peu l'épicentre touristique de Maurice. Il y a dans le nord-est de Maurice des beaux lagons, mais on y voit surtout les catamarans qui emmènent en « day charter » les touristes visiter îlots et cascades.

Terres colorées et nénuphars géants

N'empêche que l'île Maurice est véritablement une escale à ne pas manquer. Si une grande partie de l'île a été longtemps consacrée à la culture de la canne à sucre, si l'urbanisation désordonnée de beaucoup de sites est assez fâcheuse, il existe assez de beautés dans l'île pour justifier qu'on en fasse le tour, découvrant les réserves naturelles de l'est de l'île, les paysages spectaculaires du sud-est, comme les chutes et les terres colorées de Chamarel, ainsi que le Morne Brabant, sans oublier de beaux jardins, rassemblant quelques espèces animales et, surtout, des plantes

extraordinaires, comme les immenses nénuphars *Victoria regia*, originaires de l'Amazone ; j'ai un très bon ami qui va à l'île Maurice au moins une fois par an, depuis des années, et qui n'est jamais allé voir ces nénuphars… Il rate vraiment une merveille !
L'île Maurice est aussi une des terres au monde où des groupes religieux aussi divers que chrétiens, hindous ou musulmans cohabitent harmonieusement dans un tout petit espace ; les cérémonies religieuses de Grand Bassin vous laisseront aussi des souvenirs inoubliables. Bernard Moitessier, lors de son premier naufrage sur l'archipel des Chagos, avait tout perdu ; un cargo l'avait amené jusqu'à l'île Maurice ; il raconte avec émotion l'hospitalité, l'accueil chaleureux des Mauriciens, qui lui permirent, quelques années plus tard, de repartir avec un bateau neuf… Aujourd'hui, l'hospitalité des Mauriciens et des Rodriguais est l'atout numéro un du tourisme dans ces îles.

Ci-dessus : Barque de pêche au cap Malheureux.
Ci-dessus : Cérémonie religieuse au temple de Grand Bassin.

Découvrez avec nous la petite île Rodrigues, dépendance de l'île Maurice, presque aussi naturelle qu'à mon premier passage.

Nouvelle-Angleterre

Des phares et des homards

La Nouvelle-Angleterre, ce sont bien sûr les collèges de la Ivy League, ces universités respectables aux murs couverts d'*ivy*, de vigne vierge ; c'est le rocher de Plymouth, sur lequel posèrent le pied en 1620 les Pilgrim Fathers, les pères pèlerins, qui avaient fui les persécutions religieuses de l'Europe pour fonder une nation nouvelle ; ce sont les millions de flotteurs de nasses à homards au large de tous les rivages ; ce sont les parages de Nantucket, d'où s'élançaient jadis les baleiniers ; ce sont aussi les innombrables bateaux de plaisance qui croisent dans les eaux protégées de Newport, Rhode Island, capitale mondiale de la voile. Mais c'est surtout un hommage permanent aux phares, cette invention des hommes qui sauva tant de vies au fil des siècles… pour perdre presque tout intérêt pratique en quelques années, avec l'avènement du GPS, plus efficace encore que le radar, qui l'avait précédé de quelques décennies. Combien de marins, combien de capitaines ont scruté assidûment l'horizon, pour y faire monter l'éclat d'un phare, ou tout au moins le halo qui s'y dessine quand la rotondité de la terre cache encore l'édifice. J'ai connu l'époque où la vue d'un phare était soudain un lien avec les autres humains, avec la terre ferme et tout ce qui vous y attend. On remontait sur le pont, sur le roof, voire dans les barres de flèche, guettant impatiemment ces trois éclats en dix secondes… Aujourd'hui en général, sauf panne de GPS, on sait à chaque instant où l'on se trouve à quelques mètres près ; on ne scrute plus l'horizon lointain : à l'instant où le bateau entre dans

Double page précédente : Le phare de Portrland Head.
Ci-dessus : Le quai des homards à New Harbor; ci-dessous, flotteurs de casiers pour la pêche des homards.

Ci-dessus : Les curieuses stries qui marquent la roche au pied du phare de Pemaquid Point.

Ci-dessous : Le paisible port de New Harbor, tel qu'il apparaît dans un film de Kevin Costner.

le port, on lève le nez à la verticale vers le sommet d'un édifice surplombant la passe, et l'on songe : « Tiens ! il y avait un phare... »

Touchez pas à l'amer...

Alors que reste-t-il des phares aujourd'hui ? Simplement le symbole, le souvenir de ces hommes courageux qui veillaient sur eux lorsqu'ils se trouvaient sur des rochers isolés en mer ; du devoir sacré qu'ils avaient de maintenir en vie la flamme ou la lampe qu'amplifiaient les fameuses lentilles de Fresnel. Alors, respect, s'il vous plaît, pour ces monuments à l'invention humaine, à la solidarité. Et gardons-les en vie, même si, par leurs éclats ou simplement en tant qu'amers remarquables, ils ne sauvent ou n'aident pratiquement plus que quelques maladroits partis sans outils de navigation modernes : même un smartphone ou une tablette peut être équipé pour un prix dérisoire d'une appli de navigation et de toutes les cartes dont vous pourriez avoir besoin, et y indiquer à la perfection votre position. Garder vivante la tradition des phares, c'est ce à quoi l'on s'attache autour du monde, dans les fabuleuses photos de Philippe Plisson, dans le soin apporté à rénover ces musées en mer, qu'ils se dressent au bord du ras de Fromveur ou au bout de la Terre de Feu. C'est ce à quoi l'on s'attache en Nouvelle-Angleterre, en particulier dans le Maine, où pas moins de 61 phares classés monuments historiques reçoivent la visite d'innombrables visiteurs, venus admirer leurs formes imaginatives, ou juste se détendre ou piqueniquer dans les parcs qui les entourent, pénétrés un instant, même inconsciemment, du respect des temps anciens.

Sur les traces de Forrest Gump

Si le plus vénérable, le plus spectaculaire des phares du Maine est celui qui se dresse à proximité du grand port de Portland, sur le cap Elisabeth – il date de 1791 –, si le phare de Pemaquid Point est remarquable par les étranges strates rocheuses qui en rayonnent ; si celui de West Quoddy Head marque l'extrémité est des États-Unis, si le petit phare qui se dresse au sud de l'île Mount Desert, dans l'Acadia National Park inspire les peintres, le phare le plus connu de Nouvelle-Angleterre est sans doute – pour des raisons cinématographiques – celui de Marshall Point, à Port Clyde.

De haut en bas : **Chalutiers dans le port de Portland, Maine ; le rivage rocheux de l'île de Mount Desert, dans le Parc National d'Acadie ; et le phare de West Quoddy, limite orientale extrême des États-Unis.**

Du port de Boston, partons à la découverte des plus beaux phares de la côte du Maine et des langoustes pêchées à leurs pieds.

Ci-dessus : Le phare de *Forrest Gump*, sur Marshall Point.

Le phare lui-même n'a rien de spectaculaire, mais la jetée de bois qui le relie au rivage figure dans un film célèbre : c'est là que Forrest Gump fait demi-tour après avoir traversé en courant les États-Unis d'ouest en est. Malheureusement, vous ne pourrez pas jouer vraiment les Tom Hanks, l'accès de la jetée est interdit… sinon elle croulerait sous les pas d'une foule de barbus à longue chevelure…

Obstructions à la navigation… et récompense

Pour vous consoler, aller donc admirer… et déguster, l'autre composante essentielle du patrimoine de la Nouvelle-Angleterre : je vous parlais plus haut des fameux homards du Maine, et on les déguste en particulier lors du Maine Lobster Festival, au début du mois d'août à Rockport – une autre bourgade historique de toute beauté, dotée d'un phare entouré d'oiseaux tourbillonnants. Pourtant, combien j'ai maudit ces innombrables flotteurs de casier lorsque je cherchais mon chemin dans le dédale de bras de mer de la côte du Maine à bord de mon voilier *Voyage*, au milieu du brouillard qui me cachait les rivages, les amers et les phares, lorsqu'ils surgissaient du néant pour s'en prendre à mon gouvernail ou à ma dérive… Mais comme j'ai adoré m'attabler devant une belle assiette de ces crustacés, si nombreux dans le Maine qu'il était interdit aux habitants de la région d'en servir plus de deux fois par semaine à leurs employés de maison !

Ci-dessus : Les homards du Maine : pas plus de deux fois par semaine !…

PORTO SANTO, MADÈRE

Double page précédente : Les falaises de Cabo Girao et le village de Camara de Lobos, à Madère.
Ci-dessus : Porto Moniz, à l'extrémité ouest de Madère.
Ci-dessous : Vendange dans l'île de Porto Santo.

Porto Santo, archipel de Madère

Parfois, lorsque l'alizé est particulièrement puissant, l'air se charge de l'humidité que le vent arrache à la surface de la mer ; au large de l'Afrique du Nord, il transporte également des sables venus du Sahel, réduisant, alors que le ciel reste bleu, la visibilité à moins d'un mille. L'île que je visais là, Porto Santo, dans l'archipel de Madère, jouait vraiment cet après-midi-là, les fantômes : j'avais largement pénétré dans la baie qui s'ouvre à son sud-est sans qu'elle me soit encore apparue. Ce n'est qu'à moins d'un demi-mille du rivage que j'ai vu se dessiner les collines desséchées de cette île apparemment peu attirante… et pourtant, bien des années après ma courte visite, elle reste dans ma mémoire comme déshéritée mais attachante. J'ai passé quelques semaines dans le vaste mouillage de la baie, dédaignant la petite marina qui s'offrait à l'angle du bassin : j'avais une meilleure vue de l'île, des bateaux de pêche qui entraient et sortaient du port, et de quelques vagabonds des mers qui avaient jeté l'ancre dans le port.

Ci-dessus : Une roche caractéristique sur la route
de Porto Moniz, sur la côte nord-ouest de l'île de Madère.

Ci-dessus : Rivage escarpé de Madère.
Ci-dessous : Les somptueuses pâtisseries de Porto Santo.

Une rencontre décisive

La rencontre avec un équipage connu lors de cette escale, à bord d'un petit catamaran de fabrication anglaise, a eu une importance décisive dans ma vie : nous étions en 1990, et je venais d'ajouter à la liste impressionnante des métiers que j'avais exercés – chanteur, auteur, compositeur, éditeur, ingénieur, animateur télé et radio acteur, producteur, etc. – une activité nouvelle : celle de photographe, et mon premier album photo paru chez Gallimard venait d'obtenir un succès très honorable. Je cherchais un thème pour le second livre, que me réclamait l'éditeur, quand je découvris sur la table du catamaran un livre relatant le voyage autour du monde en 80 jours d'un acteur anglais que j'aimais bien (Michael Palin). Je lus le livre, et regrettai qu'il ait choisi de se limiter, comme si nous étions encore à l'époque de Jules Verne, au transport terrestre et maritime, quand celui-ci ne se fait plus que sous forme de traversées ennuyeuses et interminables à bord de cargos sur lesquels il se passe peu de choses : l'idée me vint de réaliser un voyage en me fixant la même durée mythique, mais en utilisant justement les avions pour atteindre une succession dynamique de lieux plus riches, plus excitants les uns que les autres. Ce projet, concrétisé l'année suivante, fut l'occasion pour moi de réaliser mon premier documentaire, qui ouvrit la porte à la série des films « Îles... était une fois », plus de trente à ce jour, qui m'a apporté et m'apporte encore près d'un quart de siècle plus tard de merveilleux moments.

Histoire de pâtisseries

Et puis il y avait l'île, qui se résumait à un village orné de beaux carreaux émaillés, dans lequel a vécu quelque temps Christophe Colomb, qui avait épousé une fille du pays ; on dit que c'est ici qu'il entendit des marins pêcheurs parler de terres entrevues loin vers l'ouest, et que c'est à Porto Santo qu'il conçut l'idée d'atteindre la Chine par l'ouest. Dans la rue principale du village s'alignait une file surprenante de taxis jaunes, prêts à m'emmener faire un tour de l'île ; et lorsque je regagnais le village, une extraordinaire pâtisserie m'accueillait ; un lecteur m'a récemment confirmé que l'île a un peu changé... mais que les pâtisseries sont toujours aussi bonnes.

Une curieuse tradition viticole

Pour atteindre Porto Santo, vous passerez sans doute par Madère ; une grande destination touristique et, surtout, un vaste vignoble consacré à un vin à qui on laisse subir une transformation ailleurs évitée : la madérisation. L'île tout entière est dédiée au vin

Ci-dessous : Le soir tombe sur le petit port de pêche de Camara de Lobos.
En bas : Banana Split échoué pour carénage sur une petite plage du vaste port de Porto Santo.

qui porte son nom ; il se bonifiait, disait-on, à bord des voiliers qui le ballottaient jusqu'à l'Europe après un détour par les Antilles ou autour du monde ; pour recréer cette transformation, ne manquez pas, dans le hall de l'un des plus grands négociants de vin de l'île de Madère, d'actionner une ou deux fois un levier qui agite un instant une barrique de ce vin : tous les visiteurs sont priés de le faire.

Quant aux navigateurs qui, comme moi, ne sont pas tellement portés sur le madère, ils auront dans cet archipel leur première approche des (parfois redoutables) punchs qui les attendent aux Antilles : il s'agit de la *poncha*, elle aussi emblématique de l'île de Madère…

Raiatea, Tahaa

Double page précédente : La baie de Haamene, à Tahaa.
Ci-dessus : Tenues de fête à Tahaa.
Ci-dessous : La passe Toahotu donne accès à la partie est de Tahaa.

Deux îles sœurs dans un même lagon

Lorsque je navigue en Polynésie française, une année sur deux à peu près, je pointe les étraves de mon catamaran dans un lieu qui réunit pour moi le meilleur et le pire. Enfin, le pire, n'exagérons rien : même dans les pires moments de l'entretien de la coque de *Banana Split*, entretien que je réalise généralement au chantier naval de Raiatea, même lorsqu'il est question de poncer, de peindre, d'affronter les démons qui se tapissent fréquemment dans toutes les mécaniques du bord, même lorsque *Banana Split*, tiré hors de l'eau, a l'air aussi à l'aise qu'un poisson rouge qui aurait bondi hors de son bocal, je suis quand même en Polynésie, aux îles Sous-le-Vent. Et si le chantier ressemble à tous les chantiers navals du monde, échafaudages branlants, machines-outils, ponceuses hurlantes et décor industriel, il me suffit de lever les yeux au-delà de la clôture du chantier pour voir des montagnes à la verdeur exubérante, un ciel souvent bleu (sauf lorsque je commence à peindre, ce qui attire automatiquement la pluie), et, en regardant un peu plus loin encore, à quelques milles vers le nord, la merveilleuse île de Tahaa, enclose dans le même récif de corail, en forme d'immense « 8 », qui enserre aussi Raiatea.

Ci-dessus : Reflets sur un plan d'eau proche de Haamene.

Thalassa en Polynésie

Et cette île doit avoir quelque chose de magique ; ma première escale à Tahaa remonte à 1977, et j'avais été heureux de prendre en photo mon premier voilier, *Om*, dans le même décor où le voilier d'Alain Gerbault avait été photographié quelques décennies plus tôt ; j'y suis resté longtemps, sur mon deuxième bateau, *Voyage*, entre 1986 et 1988, à l'époque où Titouan Lamazou y écrivait l'un de ses premiers livres dans une belle maison blanche, où mes amis Philippe et Marie Robin, navigateurs, avaient créé une petite pension avec un délicieux restaurant, Marina Iti : nous nous y retrouvions régulièrement, entre navigateurs et vagabonds des îles, tous les vendredis pour… regarder *Thalassa* à la télévision ! Je me rappelle que c'est à une de ces occasions que Bernard Moitessier s'était embarqué sur mon petit sloop. Aujourd'hui, Bernard navigue en solitaire sur les océans du ciel, tandis qu'au chantier de Raiatea, son dernier bateau, *Tamata*, se retrouve souvent au sec à côté de *Banana Split*.

Ci-contre : Le cocotier solitaire qui ornait cet îlot (et la couverture de mon premier album photo paru chez Gallimard en 1989) a hélas ! depuis longtemps été déraciné par un coup de vent.

Ci-dessous : Chez Léo, dans la baie de Haamene, on soigne les tortues prises dans les filets des pêcheurs, et les visiteurs les remettent à l'eau quand elles ont repris des forces.

Ci-contre : Pêche au caillou à Tahaa, en 1987.
Ci-dessous : L'église de Tiva (Tahaa) remarquable au bord du lagon.

Une nouvelle vie

C'est à Tahaa aussi qu'une poignée de navigateurs ont choisi de s'installer : Alain Plantier qui fait visiter les fermes de l'île, où l'on cultive la vanille ; Louis ou Jean-Yvon, qui organisent des charters vers des destinations exotiques comme Pitcairn, l'île des mutinés du *Bounty* ; ou, plus récemment, comme Patrick, venu sur un petit voilier de 8 mètres depuis la France : photographe, il complète ses revenus en véhiculant dans son « mini-truck » les visiteurs et les résidents de Tahaa ; il m'a emmené faire un tour de l'île et rendre visite à l'ami Léo, qui à l'hibiscus Tahaa, sauve les tortues prises dans les pièges des pêcheurs. Dans cette île, située à quelques milles à peine de Raiatea et de la petite ville assez agitée d'Uturoa (près de cinq supermarchés, pas très grands quand même, y entrent en compétition pour vider votre caisse de bord), à quelques milles à peine, amarré à un corps-mort ou au ponton devant Marina Iti, ou à Tapuamu, ou sous le vent d'un des motus du nord-est du lagon, on se retrouve pratiquement dans la même Polynésie que j'ai connue il y a trente-cinq ans.

Ci-dessus : Image de rêve absolu : les bungalows sur pilotis du seul hôtel de grand luxe de Raiatea-Tahaa ; on y trouve surtout de très agréables petites pensions, la meilleure façon de découvrir la Polynésie et ses habitants.

Ci-contre : Om amarré au ponton d'un petit faré sur pilotis, dans la baie Hurepiti, où vivent désormais une poignée de navigateurs ayant choisi de poser sac à terre.

Dans l'île de Tahaa, on sauve les tortues de mer et l'on cultive des fruits exotiques comme les ramboutans et, bien sûr, la vanille...

RÉUNION

Double page précédente : La magnifique cascade Langevin, au sud de l'île.
Ci-dessus : La petite station balnéaire de Saint-Gilles, dont le rivage est protégé par une barrière corallienne.

Ci-contre : Une très belle représentation de Ganesha au temple de Saint-André.
Ci-dessous : La superbe plage de Boucan Canot.

La Réunion… sans les requins

Donnant depuis l'année 2012 à travers la France une série de conférences pour Connaissance du monde, y présentant notre film sur les îles de l'océan Indien, j'ai constaté qu'une des préoccupations constantes des spectateurs était les attaques des requins : à plusieurs reprises, des accidents, souvent mortels, se sont produits à la Réunion. Qu'en était-il ? Je m'appliquais à leur décrire les particularités géographiques et humaines qui ont vraisemblablement conduit à cette situation : contrairement aux îles de Polynésie française, par exemple, le pourtour de l'île de la Réunion est presque partout dépourvu de barrières récifales créant des espaces protégés des incursions des grands animaux marins, les lagons. D'une formation plus récente que l'île Maurice, la Réunion n'a encore développé de barrière récifale qu'aux alentours de Saint-Gilles-les-Bains, seule partie de l'île où s'étendent des lagons et des plages de sable blanc comparables à ceux d'îles plus âgées.
Par ailleurs, le littoral de la Réunion est souvent très peuplé, créant une interface entre une population humaine dense, et une population de ces « égoutiers » ou « fossoyeurs » des mers que sont les requins, dont les populations ont augmenté et qui trouvent de moins en moins de nourriture dans l'océan victime de surpêche : dans ces conditions, il est logique que se produisent des accidents.

Ci-dessous : Le village de Cilaos est dominé par des montagnes imposantes, dont l'une *(à droite)* ressemble précisément au profil du chien Pluto.

Mesures de protection

Si vous allez à la Réunion pour savourer la beauté de ses rivages et de ses plages, choisissez donc pour vous baigner les lagons peu profonds de la région de Saint-Gilles, où les risques sont négligeables ; la baignade est d'ailleurs interdite presque partout ailleurs autour de l'île, sauf dans certains endroits équipés de filets sous-marins, une solution efficace, utilisée depuis longtemps au large de l'Australie et de l'Afrique du Sud, mais contestée par les protecteurs de l'environnement, car ces filets nuisent à de nombreuses autres espèces de poissons.

Retour à la préhistoire

Mais la Réunion, c'est bien autre chose que ses rivages... L'île a le privilège d'avoir des espaces extraordinaires où la mer et ses dangers sont des possibilités lointaines : les nombreux itinéraires de randonnées au travers des trois fameux « cirques », de Salazie, de Mafate ou de Cilaos, les forêts tropicales de Bébourg

Ci-dessus : Plantes de la Réunion : une liane de Jade en fleurs au Jardin d'éden (à Saint-Gilles) et des gousses de vanille Bourbon à la vanilleraie de Sainte-Suzanne.

et de Bélouve. Certaines régions sont si inaccessibles que, lorsqu'on les survole, on a l'impression d'être sur une autre planète, comme celle d'*Avatar*, ou d'être de retour à la préhistoire : même si la Réunion ne semble pas avoir abrité de dinosaures, elle a cependant eu quelques oiseaux mythiques, dont un « solitaire », vraisemblablement une sorte d'ibis, qu'on a longtemps confondu avec le dodo de l'île Maurice. Comme l'« oiseau bleu » de la plaine des cafres, cet oiseau a depuis longtemps disparu : lorsque les premiers hommes arrivèrent dans l'archipel des Mascareignes (Réunion, Maurice, Rodrigues), ils n'eurent aucun mal à les capturer, car il n'existait dans l'île aucun prédateur, et ces oiseaux en avaient oublié de voler.

Ci-dessus : L'église de Piton-Sainte-Rose, sauvée par miracle quand la lave du volcan s'immobilisa juste devant l'entrée.
En haut : Les formes curieuses des pieds des cocotiers à l'anse des Cascades.
Page de droite : Le cratère Dolomieu, partie du volcan de la Fournaise, dont le « plancher » s'effondra lors de l'éruption d'avril 2007.

Eh oui, l'île de la Réunion a aussi de belles plages, abritées de l'océan par une barrière de corail, dans la région de Saint-Gilles-les-Bains.

SAINT-BARTH

Double page précédente : Le port de Gustavia endormi sous le soleil.
Ci dessus : Même en période de sécheresse, l'île de Saint-Barth est spectaculaire vue du ciel.

Saint-Barth

Entendons-nous, Saint-Barth, pas plus que Moustique ou Saint-Tropez, n'est pas vraiment ma tasse de thé : *beautiful people*, *happy few*, jet-set... je laisse cela aux autres. De plus, Saint-Barth, assiégée par de nombreux visiteurs, a dû adopter une attitude protectrice, et la quasi-totalité des eaux qui l'entourent ont été déclarées réserves naturelles ; en haute saison, il est devenu presque impossible de trouver un mouillage dans des endroits aussi magiques que la baie de Colombier ou l'Île fourchue, et ceux qui veulent s'installer pour le week-end dans ces mouillages ont intérêt à se lever tôt pour profiter du départ d'un de leurs collègues. Moi, vous me connaissez, j'aime les mouillages entièrement libres, et lorsqu'un bateau s'approche à moins de 3 milles de *Banana Split*, je trouve l'endroit surpeuplé.

Ci-contre : L'atterrissage en piqué sur le minuscule terrain de Saint-Barth est toujours très impressionnant. Au bout de la piste, la mer !

Ci-contre en haut : **De nombreux bateaux de plaisance prennent un mouillage à l'entrée du port de Gustavia.**
Ci-contre au milieu : **Une maison traditionnelle du bourg.**

Double nationalité

Pourtant, comment pourrais-je passer sous silence la beauté de Saint-Barth par une belle journée ensoleillée, en particulier hors saison ? C'est par une nuit sans lune que nous avons cette année atteint l'île, à laquelle Christophe Colomb avait donné en 1493 le nom de son frère Bartolomé ; nous venions de Barbuda, île très préservée, et nous avons préféré, pour adoucir la transition, aller prendre un mouillage dans la baie du Colombier ; au matin, nous avons gagné le port de Gustavia. En 1784, la France, qui occupait l'île depuis plus d'un siècle, l'avait échangée contre un « droit d'entrepôt » à Göteborg ; c'est au roi de Suède que la petite capitale de l'île, Gustavia, doit son nom, et, bien que l'île ait été rétrocédée à la France en 1878, on retrouve encore aujourd'hui des noms en français et en suédois sur les plaques de rues.

Autour du rocher

Mon copain le chanteur américain Jimmy Buffett (immense star aux États-Unis, il est peu connu en France ; si vous ne le connaissez pas, je vous invite à visiter son site, margaritaville.com), grand navigateur et pilote d'avion, est depuis longtemps tombé amoureux de Saint-Barth ; on l'a souvent entendu chanter au Sélect, le bar mythique de Gustavia, il a longtemps été propriétaire d'une boîte-restaurant extrêmement branchée appelée Autour du rocher, mais ses séjours dans l'île passent presque aussi inaperçus que ceux de Johnny : les Saint-Barths, descendants, comme les Saintois, de Normands, de Bretons, de Saintongeais, ne s'en laissent pas conter. L'aéroport de Saint-Barth fait partie des aéroports les plus risqués au monde et, à chaque atterrissage, des curieux se postent en entrée de piste pour voir les avions passer juste au-dessus de leur tête en piquant vers le terrain. L'avion posé, on court vite s'abriter dans l'un des hôtels luxueux mais sans ostentation de l'île, ou s'étendre sur des plages magnifiques : celle de la baie Saint-Jean est surplombée par l'Eden Rock, fleuron de l'hôtellerie locale, et c'est vrai que la baie tout entière – nous l'avons survolée en avion, parcourue en voilier et revisitée à pied, a de quoi satisfaire ceux qui rêvent d'une plage parfaite sous les tropiques.

Ci-contre : **Dans la baie Saint-Jean, le mythique Eden Rock, hôtel de luxe récemment rénové, est cerné de plages d'une beauté graphique parfaite.**

Les Saintes

Double page précédente : Une partie du mouillage de Terre-de-Haut.
Ci-contre : Le rendez-vous des navigateurs, le mythique Café de la Marine.

Les fringants matafs de la *Jeanne d'Arc*

Une légende qui court à bord des bateaux de la Marine nationale rapporte qu'au milieu du XXe siècle, des fonctionnaires s'étaient inquiétés du risque de consanguinité accru chez les habitants du petit archipel des Saintes, dépendance de la Guadeloupe, mais très isolé par la mer souvent agitée qui règne dans cette partie de la Caraïbe ; ils demandèrent en conséquence au croiseur-école *Jeanne d'Arc*, de faire régulièrement escale quelques jours dans la magnifique baie qui s'étend sous le vent de Terre-de-Haut : les centaines de fringants matafs embarqués à bord de la *Jeanne* auraient tôt fait de se mêler à la population locale... Les yeux bleus de nombreux natifs de l'archipel seraient le fruit de cette initiative... À vrai dire, les faits sont plus simples que cela : comme à Saint-Barthélemy ou dans certaines îles des Bahamas, l'aridité des Saintes, petites et peu élevées, donc peu arrosées, a empêché que l'on y cultive la canne à sucre ou le coton ; très peu d'esclaves y furent donc introduits au fil des siècles, et les habitants des Saintes, très peu métissés en comparaison avec les natifs des îles voisines, ont gardé bien présentes les caractéristiques, couleur de peau et des yeux, de leurs ancêtres, marins ou colons venus pour la plupart de Bretagne ou de Normandie.

Il y a deux temps aux Saintes

C'est une constatation qui vous saute aux yeux dès que vous débarquez sur le quai du Bourg, qui a, en plein soleil, des allures de décor d'opérette : maisons du quai, petite église accrochée au flanc de la colline, sans oublier la coquette mairie de cette minuscule commune de France égarée sous les tropiques. Il y a deux temps aux Saintes : celui des touristes, qui arrivent dès le matin par vagues à bord des navettes et ferrys, envahissant les rues, les routes et les baies de l'île de Terre-de-Haut (un peu aussi, mais beaucoup moins, celles de Terre-de-Bas), pétaradant sur des scooters, faisant vivre les nombreux magasins de souvenirs, de fringues ou de tableaux, et bien sûr les restaurants et les bars où le ti-punch coule à flots ; et puis, dès que la dernière navette est partie, lorsque approche le soir, une immense paix s'étend sur le village. La soirée, la nuit seront douces et tranquilles.

Ci-contre au milieu et en bas : Le bourg de Terre-de-Haut, un vrai décor d'opérette, de ses rivages paisibles à sa petite mairie étincelante.

Ci-dessus : Au cœur du petit archipel, le « pain de sucre ».

Tel un kamikaze

J'ai eu deux fois dans ma vie l'occasion de vivre aux Saintes un moment assez angoissant : l'atterrissage sur le minuscule terrain blotti entre deux collines et qui, très court, se termine dans la mer. Peu de visiteurs affrontent cet atterrissage, ils prennent prudemment le ferry ; pour ma part, je m'y suis posé une fois, il y a plus de vingt ans, pour aller m'embarquer sur le petit paquebot à voiles *Club Med One* qui y faisait une croisière « incentive » destinée à récompenser des vendeurs d'ordinateurs : le plus méritant y gagna... une île déserte dans les Caraïbes ; et cette année, avec mon copain Jean-Marc, qui vit à Union Island mais qui a les « qualif » nécessaires pour se poser sur les plus petits terrains de l'archipel : il a d'abord « répété » la manœuvre, survolant le terrain une fois à basse altitude, puis à plus faible hauteur ; puis il s'est carrément posé, mais pour remettre les gaz aussitôt, histoire de bien prendre la mesure du terrain ; enfin il s'est posé pour de bon, après être passé à quelques mètres à peine au-dessus des maisons du village...

Ci-dessous : Ne manquez pas les « tourments d'amour », pâtisseries locales proposées par des marchandes dans une rue du bourg.

Salvador de Bahia

Museu da
Gastronomia
Baiana
Exposição de Longa Duração
Teatro

Double page précédente : Les façades du Pelourinho, le quartier ancien de la ville de Bahia, dominant le port et le Mercado modelo.
Ci-dessus et ci-dessous : Deux vues du port, surplombé par l'ascenseur Lacerda qui donne accès à la ville haute.

La baie de Tous-les-Saints

Les deux escales faites à Salvador de Bahia, en 1976 sur *Om*, en 1982 sur *Voyage*, restent des grands moments de ces quarante ans de navigation et d'escales. Moi qui ai toujours eu tendance à fuir les grandes cités, je me suis régalé de la beauté de cette ville, couronnée de centaines d'églises, en particulier du quartier du Pelourinho ; j'ai été époustouflé par la capacité des Baianos à transformer fêtes ou événements sportifs en explosions de joie, faisant vibrer jusqu'aux gréements des voiliers ancrés dans le port, qu'il s'agisse de la poignée de vagabonds des mers qui y font halte quelques semaines ou des antiques *saveiros* et *escunas*, bateaux traditionnels de la baie. En 1976, en compagnie de l'équipage de *Petit Frère* – le voilier de Maurice, un des navigateurs avec lesquels j'ai noué les plus chaleureuses relations –, nous avons passé les trois jours du carnaval à bondir comme des pantins derrière les gigantesques *trios eletricos* (d'énormes camions surchargés de musiciens et d'amplis tonitruants) ; en 1982, c'était le Mondial de foot, et chaque but marqué par l'équipe brésilienne faisait résonner le bateau, ancré pourtant devant la petite ville paisible de Nazaré. Après avoir goûté la folie des rues de Bahia, nous

avions décidé de partir explorer l'immense baie de Tous-les-Saints, en particulier l'île d'Itaparica, et le petit coin béni de la cascade du Tororò, où nous n'avions qu'à poser doucement *Voyage* sur un banc de sable, au pied d'une fine cascade, pour avoir l'eau courante à bord et procéder à tous les nettoyages et à une grande lessive ; des amis navigateurs passaient par là, jetaient l'ancre, et nous étions vraiment, pour quelques jours, au paradis terrestre... Mais nous repartions pourtant, savourer une fois encore la beauté, la festivité, l'enthousiasme de la grande ville, la joie des habitants, leurs croyances qui mêlaient foi chrétienne et croyances africaines, dans le *candomblé*, la *macumba*, les *orixá* (protecteurs) de chaque individu, les cérémonies mystérieuses qui se déroulaient sur les *terreiros* et invoquaient des saints rebaptisés, en particulier Lemanja, la mère des Eaux.

Une spécialité incendiaire

Et nous en profitions pour nous régaler aussi de la cuisine locale, en particulier la bombe atomique de la gastronomie bahiane, l'acarajé, vendu par de superbes Baianesas plantureuses en robe blanche de dentelle. L'acarajé, dont le nom vient d'un mot nigérian qui a également donné, aux Antilles, le mot « acra », désigne un mets qui est à l'acra ce que la bombe H est au pétard mouillé : la taille d'un petit hamburger, réalisé à base de purée de haricots noirs épluchés, l'objet est frit dans la fameuse huile de dendé, une espèce de palme, puis fendu, garni de toutes sortes de choses, de vatapa, de crevettes séchées... Vient ensuite le moment fatidique dont dépendra l'état de votre tube digestif dans les jours qui suivront : « Quer pimento ? » (« Vous voulez du piment ? »). Dites oui, et vous aurez l'impression, dès la première bouchée, que tout le feu de l'enfer vous ressort par les oreilles, que les cloches des centaines d'églises de Salvador tintent à la fois, et que les *trios eletricos* sont revenus tous ensemble et hors saison ; et vous appellerez à votre aide Lemanja, pour qu'elle adoucisse vos souffrances...

Ci-dessus : **Le fort de Montserrat, à l'entrée de la baie de Salvador.**
Ci-contre : **Mmm... un acarajè !**

SAN BLAS

Ci-contre : Les bateaux de passage reçoivent rapidement la visite des femmes Guna proposant leurs *molas*.

La petite princesse de Guna Yala

Une délibération récente des sages Kuna les a conduits à demander que le nom de leur pays s'écrive désormais Guna, plus conforme à leur tradition. Mais le mot se prononce toujours « Kuna ».

Dès qu'un voilier jette l'ancre dans l'archipel des îles San Blas, au large du Panamá, l'équipage n'a pas longtemps à attendre pour voir venir à lui une pirogue locale, à voile ou munie d'un moteur hors bord, et pour retrouver son cockpit envahi par des femmes Guna, vêtues de couleurs vives, et qui tirent de seaux ou de bidons en plastique des millefeuilles de *molas*, ces étonnantes broderies en appliqué, qu'elles portent en particulier sur la poitrine ou dans le dos ; une forme d'artisanat si reconnaissable, si remarquable que bien des musées ethnographiques au monde en exposent quelques exemplaires.

On pense que ce sont des missionnaires qui ont jadis

Double page précédente : Un des innombrables îlots déserts de l'archipel San Blas.
Ci-dessous : Pirogue guna devant le village de Rio Sidra.

Ci-dessous et en bas : Toutes les femmes Guna, des plus jeunes aux plus âgées, maîtrisent l'art du *mola*.

(comme pour les *tifeifei* de Polynésie) enseigné aux autochtones cet art, qui occupe chaque jour plusieurs heures de la vie des Indiennes Guna.

Deux jours d'ivresse

L'archipel des îles San Blas, composé de quelque 400 îles, peu distantes de la côte nord du Panamá, présente deux visages très différents. Les îlots du large sont presque tous déserts et correspondent assez précisément à l'image de paradis terrestre que l'on retrouve aussi dans les atolls du Pacifique ou des Maldives : îles basses sur l'eau, cocotiers, lagons bleus et eaux cristallines. L'autre visage des San Blas, ce sont quelques dizaines d'îlots, au contraire, eux, surpeuplés, construits jusqu'au dernier centimètre carré. On peut donc ici aussi bien savourer la tranquillité des lieux déserts que découvrir les surprenantes traditions des Indiens Guna.

Page de gauche : Retour de pêche miraculeuse au village de Rio Sidra.
Ci-contre : Pressage de la canne à sucre pour la confection de la *chicha*, à l'aide de la *trapiche*.
Ci-dessous : Visite d'un *sahila* à un autre : en pleine action !

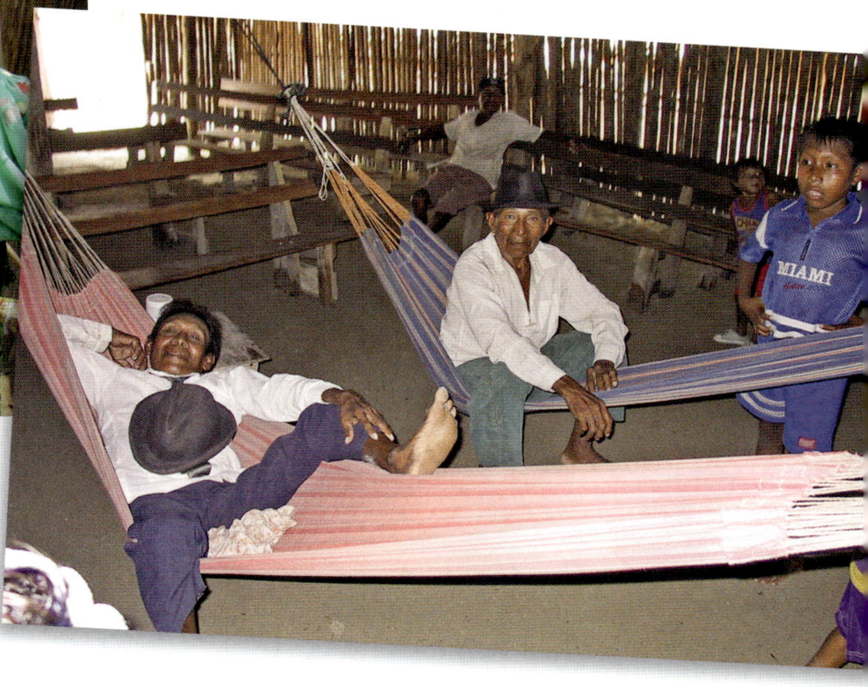

Tenez, par exemple : une des plus grandes fêtes Guna est celle de la *chicha*, préparée par fermentation du jus de la canne à sucre ; les cannes sont pressées de façon très pittoresque, entre deux troncs d'arbre dont l'un est mû par une femme qui se tient debout à son extrémité. Le jus mis en jarres, les sages du village déterminent à quel moment il est prêt à être consommé ; puis ils fixent la date de la fête, qui consiste essentiellement à s'enivrer pendant deux jours...

Ci-dessous : La petite princesse de Guna Yala, en costume traditionnel, devant un étal de superbes *molas*.

Transsexualité assumée

Tout aussi traditionnelle, la fête marquant l'accession à la puberté d'une jeune fille, qui est enfermée plusieurs jours dans une case pour la purifier ; au cours de la cérémonie, ses cheveux sont coupés, sa cloison nasale est percée pour y introduire un anneau ; à partir de cet instant la fillette est devenue une femme et peut avoir des enfants.

Si chaque île des Guna semble dirigée par un petit groupe de sages, les *sahila*, curieusement coiffés de petits chapeaux très occidentaux et qui passent de longues heures dans des hamacs, la plupart des décisions sont prises par les femmes : la société Guna est matriarcale ; elle est aussi très tolérante envers l'homosexualité, et plusieurs des personnes qui proposent aux visiteurs les *molas* polychromes sont en fait des hommes très efféminés, voire transsexuels, comme la star de l'archipel, Liza, la plus dynamique des marchandes de *molas* ; lors de mon passage, soucieuse de préserver les coutumes de son peuple, elle avait choisi une fillette, qu'elle habillait d'étoffes traditionnelles et de *molas*, et qui, ainsi parée, prenait vraiment l'allure d'une princesse, la petite princesse de Guna Yala.

SAN FRANCISCO

Double page précédente : Le mythique rivage de Big Sur, au sud-est de San Francisco, battu par la houle du Pacifique.

Ci-contre : Joshua, le voilier de Bernard Moitessier, photographié ici dans le port de La Rochelle, où il emmène des passionnés naviguer sur les traces du grand navigateur.

Ci-dessous : Des centaines de lions de mer ont pris l'habitude de se chauffer au soleil sur la jetée du Pier 39 du port de San Francisco.

Page de droite : Le Golden Gate Bridge… ressemblant parfaitement à une maquette du Golden Gate Bridge.

Sausalito, 1981

Un pélican posé sur le sommet d'une « pile », un de ces pieux qui se dressent dans le port de Sausalito, juste au nord du fameux Golden Gate Bridge. À ce poteau est amarré un voilier qui ne ressemble guère aux yachts, tous blancs, qui l'entourent ; c'est, rouge et noire, la coque de *Joshua*, le légendaire voilier de Bernard Moitessier ; en 1969, franchissant le cap Horn, à deux doigts de gagner la première course en solitaire autour du monde, il a décidé, « pour sauver son âme », de ne pas remonter vers l'Europe mais de continuer à tourner autour de la planète, de passer à nouveau Bonne-Espérance et l'Australie, et de se retirer à Tahiti. C'est ce qu'il a fait, y écrivant un livre mythique, *La Longue Route*. Quinze ans plus tard, il a eu envie de se colleter à nouveau à la société, aux États-Unis cette fois-ci, mais le film de son extraordinaire voyage, qu'il propose de projeter dans les yacht-clubs ne rencontre pas le succès escompté ; aujourd'hui, pieds nus, un haut-parleur de contreplaqué sous le bras, il quitte le bord de *Joshua* pour aller le présenter dans une université. Dans quelques mois, il renoncera, reprendra la route des mers du Sud, et *Joshua* succombera à une tempête en Basse-Californie ; nous étions venus lui rendre visite à San Francisco en compagnie du directeur du chantier Meta, où mon deuxième bateau était en construction ; la dernière fois que j'avais rencontré Bernard, nos deux voiliers étaient à l'ancre dans le lagon désert de l'atoll de Suvarov, aux îles Cook.

POWELL
AND
MARKET
HYDE
BEACH
FISHERMANS
WHARF
5
INTERCONTINENTAL

Page de gauche : Cable car (tramway) et trois-mâts, images éternelles de San Francisco.
Ci-contre : Le souvenir du roman de Steinbeck *Rue de la Sardine* (*Cannery Row*) reste bien vivant dans la petite ville de Monterey.

Steinbeck, Kerouac, Miller…

San Francisco, c'est aussi pour moi la petite librairie où j'ai trouvé un livre peu connu de Kerouac, qui me fera prendre la route du sud de la Californie – effleurant au passage une vallée qui adoptera bientôt le nom de Silicone. Voici bientôt un autre port rendu célèbre par John Steinbeck et *Rue de la Sardine* (*Cannery Row*) : Monterey ; et, juste après, longeant le Pacifique, la route en corniche la plus célèbre des États-Unis, celle de Big Sur. Nous survolerons le canyon où, écrivain adulé mais alcoolique invétéré, Kerouac tentait d'oublier les beuveries san-franciscaines, à deux pas de la vallée au creux de laquelle, serein, s'était établi un autre écrivain dont le parcours m'a toujours fasciné, Henry Miller.
Et si je remonte plus loin dans le passé, bien avant ma naissance, San Francisco, ce sont aussi les trois-mâts et les steamers, les marins shangaïés comme dans London ou Le Gal, la ruée vers l'or, et l'autre or de la vallée de Napa, les vignobles, qu'à une autre occasion nous avons survolés en montgolfière.

Ci-dessous : La présence de Henry Miller, qui a vécu longtemps à Big Sur, a marqué le passé de cette région spectaculaire.

Partant de San Francisco, découvrons ensemble les séquoias géants, le port de Monterey et le spectaculaire rivage de Big Sur.

Des fleurs dans les cheveux

Alors, « si vous allez à San Francisco, soyez sûr de porter des fleurs dans vos cheveux », chantions-nous lors de l'été 1967. Le temps des hippies, l'été de l'amour est bien loin, mais San Francisco reste une des plus riches escales imaginables…

SANTORIN

Double page précédente et page de droite : **Le village d'Oia, accroché aux flancs du volcan qui constitue l'île de Santorin, au sud des Cyclades.**

Née d'un volcan

Il y a quelques années, pour le tournage d'un documentaire sur les îles de Méditerranée, nous étions partis, avec notre ami et collaborateur Arnaud de Belinay aux commandes d'un petit Cessna 172 loué en Corse, survoler et filmer du haut du ciel les plus belles îles de la mer Tyrrhénienne, de l'Adriatique et de la mer Égée. Quelle formidable sensation que de découvrir, en approchant l'île de Santorin, l'immense cratère déchiqueté ; avant de nous poser, Arnaud avait demandé à la tour de contrôle la permission de descendre dans le cratère, et la vision, à notre hauteur, des villages perchés au sommet des falaises restera pour toujours gravée dans ma mémoire, avec l'envie folle de séjourner un jour plus longuement dans un de ces nids d'aigle.

Coïncidence

Trois jours plus tard, alors que, notre tournage achevé, nous étions sur le point de reprendre l'air, j'avais été attiré, dans le village d'Oia, un des plus beaux de l'île, par une petite pancarte « à vendre » apposée sur une petite maison caractéristique, à la toiture cylindrique, et dont la terrasse offrait une vue magnifique sur le village, le cratère et le volcan qui occupe son centre ; j'avais imaginé quelque temps acheter ce petit coin de paradis, et puis j'avais vite oublié… Quelques années plus tard, souhaitant passer quelques jours à Santorin, je trouve sur Internet une chambre à louer, la réserve, et nous arrivons un matin dans l'île… pour découvrir que, par le plus grand des hasards, le gîte que j'ai réservé est justement celui qui m'avait fait rêver. Il faut dire que l'endroit est inoubliable, à mi-hauteur de la falaise, à l'écart du chemin – très fréquenté par les touristes – et face à quelques-unes des plus belles coupoles bleues caractéristiques, celles de l'église d'Ai Nicola. Quel bonheur que de s'installer sur cette petite terrasse pour écrire ou rêver, les journées s'écoulant au rythme des cloches de l'église, actionnées dès l'aube par un pope en grande robe noire.

Ci-contre : **Boutiques, bars, restaurants, attirent les touristes à la belle saison, mais en s'écartant de leur route, on peut retrouve la paix devant l'église d'Ai Nicola.**

La fin d'une civilisation

Santorin est sans doute la plus spectaculaire des îles grecques, en particulier en raison de la présence du volcan, actif mais endormi, qui occupe le centre du cratère : car les falaises qui composent l'archipel sont les restes d'une caldera formée par le volcan lors d'une éruption gigantesque remontant à 3 600 ans, et qui a causé des ravages en Méditerranée, contribuant en particulier à la disparition de la civilisation minoenne, qui régnait à Cnossos, en Crète.

Vous aussi, si vous allez à Santorin, écartez-vous un instant du chemin que suivent chaque jour des hordes de touristes, partis admirer, en particulier, le coucher de soleil depuis Oia ; il suffit parfois de quelques pas pour atteindre des paysages sublimes, des ruelles désertes, et la joie de boire un verre d'ouzo glacé à la terrasse d'un minuscule *kafeneion*.

En haut et ci-contre : Du village haut perché d'Oia, un chemin escarpé conduit à un petit port tranquille.

SEYCHELLES

Double page précédente : Une petite anse secrète de l'île Frégate.
Ci-dessus : La reproduction de Big Ben érigée dans la capitale, Victoria.
Page de droite en haut : Le Sainte-Anne, un des *resorts* somptueux de l'archipel, dans l'île et le parc du même nom.

Ci-dessus : Le transport des marchandises et des passagers entre les îles de l'archipel s'effectue encore souvent à bord de goélettes traditionnelles.

Seychelles

Lors de ma première traversée de l'océan Indien à bord d'*Om*, en 1979, un coup d'État avait eu lieu moins de deux ans plus tôt dans l'île de Mahé. Comme ceux qui avaient pris le pouvoir avaient gagné l'île à bord d'un voilier, débarquant dans la magnifique baie de Beauvallon, ils ne souhaitaient bien sûr pas qu'on leur fasse le même coup : ils avaient donc interdit le mouillage dans cette baie et édicté des règles très strictes, une surveillance assidue des vagabonds des mers qui auraient eu l'idée de visiter cet archipel... J'avais donc passé mon chemin et mis le cap sur Madagascar. Ce n'est qu'en 1992, quand un réalisateur de documentaires me proposa de m'aider à en tourner un sur les îles de l'océan Indien, que j'ai pu visiter l'archipel pour la première fois, à bord d'un catamaran de charter tout neuf. Plus tard, c'est à bord de *Banana Split* que j'ai pu passer de longs mois aux Seychelles : en quelques années, les règlements s'étaient un peu relâchés, mais il faut toujours déposer un plan de route précis lorsqu'on quitte le port principal de Victoria, petite ville paisible où, au pied d'une horloge qui reproduit fidèlement la célèbre Big Ben anglaise, l'heure de pointe et ses embouteillages durent... dix minutes au maximum.

Ci-dessous : Cette église se dresse au bord d'une plage de l'île de Mahé.

Pirates et stars internationales

Plus récemment, c'est une autre préoccupation d'origine politique qui a inquiété quelque peu les navigateurs : la piraterie au large de la Somalie s'est manifestée par le signalement de bateaux pirates dans les parages des îles les plus reculées, comme Aldabra ou Bird Island, ces îles coralliennes basses, (quand les îles centrales des Seychelles sont hautes et granitiques). Aujourd'hui, la situation dans le domaine de la piraterie semble s'être améliorée ; c'est plutôt la crise mondiale qui a fragilisé l'industrie touristique, qui génère près d'un quart des revenus des Seychelles. Le gouvernement, depuis quarante ans, a favorisé la création d'hôtels de grand luxe, au confort extraordinaire, dont les prix peuvent être faramineux : les bungalows de l'îlot Frégate coûtent plus de 2000 euros par jour, et de nombreux clients (comme Sir Paul McCartney) louent couramment l'île tout entière.

Le paradis à votre portée

Heureusement, on trouve sans difficulté, dans chacune des îles principales, des petites pensions sympathiques et confortables pour moins de 100 euros ; certaines, tout au bord de plages dorées, donnent

Double page précédente : Deux des plus belles plages des Seychelles : les anses Source d'argent *(en haut)*, à la Digue, et l'anse Georgette *(en bas)*, à Praslin.
Ci-dessous : Une reproduction géante d'un coco-fesse.

une parfaite image du paradis, à portée de votre bourse. Alors, si vous avez une chance de le faire, ne manquez pas d'aller admirer les roches aux formes torturées qui se dressent sur le pourtour des îles principales, Mahé, Praslin, La Digue, les tortues géantes de l'île Curieuse, les cocos de mer (plus justement baptisés « cocos-fesse ») de la vallée de Mai. Et de vous familiariser avec la culture créole (ou plutôt « kréol ») – ici, oiseaux et poissons sont *zwazo* et *pwason*, l'Institut s'écrit « Lenstiti » –, avec les tableaux colorés de Gérard Devoud ou de Michael Adams, avec la musique de Patrick Victor, et bien sûr avec la cuisine créole : l'endroit le plus pittoresque pour la découvrir, c'est le restaurant Marie Antoinette, dans les faubourgs de Victoria.

Je vous invite, sur un catamaran, à découvrir les îlots aux formes extraordinaires qui entourent l'île de Praslin.

Page de gauche : La baie de Takamaka, dans l'île de Mahé.

Ci-dessus : Le fruit du coco de mer (ou coco-fesse) n'est pas comestible, contrairement aux nombreuses espèces de bananes, sucrées ou à cuire, que l'on trouve au marché.

Ci-dessous : Le Petit Trianon, qui abrite Marie Antoinette, le restaurant le plus célèbre des Seychelles.

SYDNEY

Double page précédente : L'Opéra de Sydney et les gratte-ciel du centre-ville.
Ci-dessous : Le Cowper Wharf, ou habitent Russel Crowe et Nicole Kidman, et la statue d'une très austère reine Victoria.

Le plus grand port naturel du monde

Si les grandes villes de Dakar, Abidjan, Rio de Janeiro, Miami ou même New York m'ont parfois attiré lors de mes premières années de navigation, il ne m'a pas fallu très longtemps pour préférer largement les endroits déserts ou tranquilles que le bateau permet d'atteindre, et j'ai pris l'habitude de tenir les grandes villes à l'écart de mes itinéraires, qu'il s'agisse de navigation ou de voyages dans le cadre du tournage de nos films. Pourtant, s'il est une ville pour laquelle j'ai eu le coup de foudre, c'est Sydney. On peut facilement tomber amoureux de cette ville superbe, qui n'a pas plus de 250 ans. Créée au départ à titre de colonie pénitentiaire, elle s'est vite développée, en particulier à l'occasion d'une ruée vers l'or, et s'est étirée au fil des nombreux bras de mer qui découpent Port Jackson, le plus grand port naturel du monde. Les quelques milliers d'Aborigènes qui occupaient les lieux ont vite été remplacés par des immigrants venus d'Europe ou d'Asie, et le résultat est une magnifique ville cosmopolite, bénie par un climat subtropical très agréable, avec 300 jours de soleil par an.

Ci-contre : Le centre-ville vu du magnifique Royal Botanic Garden et les quais de Darling Harbour.

Des ferries en guise d'autobus

La particularité presque unique de Sydney, c'est qu'une bonne partie des transports en commun se fait à bord de ferries, qui se croisent sous le spectaculaire Harbour Bridge, l'un des deux monuments les plus célèbres de Sydney. Plutôt que des arrêts de bus ou des stations de métro, on trouve des petits quais dans de nombreuses baies et criques, et les ferries y font halte un instant, le temps de débarquer ou d'embarquer les employés qui rejoignent ainsi leur travail.

L'autre monument célèbre de Sydney, le plus reconnaissable d'Australie et peut-être de tout l'hémisphère Sud, c'est bien sûr l'Opéra, conçu par un architecte danois nommé Jørn Utzon et inauguré en 1973… mais par suite de mésentente, l'architecte finit par démissionner et ne vit pas son œuvre achevée.

L'Australie grandeur nature

Si les gratte-ciel du CBD (Central Business District) ont fière allure, si les quais de Darling Harbour ou de Circular Quay sont toujours animés, la ville compte aussi de magnifiques parcs naturels, un vaste Jardin botanique et de nombreux musées ; les quartiers de The Rocks et, surtout, de Potts Point ont parfois des airs londoniens ou italiens, et la vie y est douce, d'autant que l'agglomération de Sydney comporte également plus de soixante-dix plages, dont la mythique plage de Bondi, sur laquelle plane un air de liberté.

Et puis Sydney est une porte ouverte sur un immense continent : au sud, en direction des quarantièmes rugissants et de la belle île de Tasmanie ; au nord, vers les rivages tropicaux de la Gold Coast et du Queensland ; et vers l'est, à destination du centre rouge, du Territoire du Nord ou de l'Australie-Occidentale ; à l'instant où j'écris ces lignes, ma fille et son compagnon, tous deux cuisiniers, ont décidé, au terme d'un long séjour à Sydney, de s'élancer à la découverte du nord de l'Australie… et je suivrais bien leur exemple !

Peut-être tomberez-vous amoureux de la grande ville ensoleillée de Sydney, de ses quais, de ses parcs et de ses plages…

Ci-dessus : Le quartier de The Rocks (au fond, le Sydney Harbour Bridge) a été le premier site de Sydney habité par des Européens.
Double page suivante : La superbe plage de Bondi Beach *(en haut)* et le Sydney Harbour Bridge *(en bas)*.

TUAMOTU

Double page précédente : La passe d'entrée de l'atoll d'Amanu.
Ci-dessus : Le corail rouge qui orne le pourtour de l'atoll.
Ci-dessous : Les créatures qui s'y accrochent, oursins crayons et oursins tortue.

Au cœur de l'« archipel dangereux », nous avons trouvé de parfaits abris dans les atolls du centre des Tuamotu.

Des ouapitis dans les Tuamotu

Dans *L'Herbe rouge*, roman – moins connu que *L'Écume des jours* – de Boris Vian, un personnage dont on ne sait pas très bien s'il s'agit d'un homme ou d'un animal (un chien ?), le sénateur Dupont, caresse un rêve suprême : celui de trouver un ouapiti (*sic*). Alors qu'on approche de la fin du livre, il en trouve un et se pose alors la question : lorsque tu as trouvé la chose, la personne que tu rêves le plus au monde de rencontrer, est-ce la fin de ta vie ? Comment s'en éloigner à nouveau, comment aller vers d'autres gens, d'autres lieux, quand tu sais qu'ils ne seront jamais aussi conformes à tes vœux qu'un ouapiti !

Il m'est difficile de parler des Tuamotu, du moins de certaines d'entre elles… parce qu'elles constituent un peu, pour Francette comme pour moi, notre ouapiti. Comment l'expliquer, je ne le sais pas. Le climat, la beauté, la solitude, la tranquillité, la paix incroyable qui nous envahit quand nous regagnons une de nos îles préférées… Beaucoup de gens, j'en suis sûr, s'ennuieraient atrocement dans une telle simplicité ; nous non, nous ne rêvons pas d'aller rencontrer d'autres gens, d'aller voir ailleurs si c'est aussi bien, de goûter d'autres choses… Alors, est-ce la fin de la vie ? Celle que nous avons choisie, qui consiste, entre autres, à réaliser des films dans des endroits aussi variés que

le Japon ou les parcs de l'Ouest américain, nous donne aussi l'occasion de combler d'éventuelles envies d'ailleurs, puis nous repartons avec un ravissement renforcé vers l'un ou l'autre de nos « mouillages numéro un », dont j'ai choisi de ne pas donner les coordonnées, sachant que ceux de nos amis qui les mériteraient sauraient découvrir l'un ou l'autre d'entre eux, ou d'autres qui nous ont à ce jour échappé.

ABC du mouillage parfait (pour nous)

Que l'on sache seulement que chacun des mouillages auxquels nous avons décerné cette distinction possède :

- un abri excellent de la plupart des vents, dans 1,20 mètre d'eau claire, à 10 ou 20 mètres d'une jolie plage ;
- en conséquence, une eau plate comme celle d'une piscine ;
- sur le rivage, quelques coins ombragés par de jeunes cocotiers, pour s'y asseoir et rêver à l'heure sacro-sainte du petit pastis ;

Ci-dessus : *Banana Split* dans un de ses mouillages préférés, amarré à deux cocotiers.
Ci-dessous : Un bébé goélette blanche.

Ci-dessus : Un îlot désert de l'un de nos atolls préférés.
Ci-dessous : À Fakarava, une jolie pension du bord de mer propose ces amusantes tables « pieds dans l'eau ».

- des *kahaia*, arbres qui se couvrent durant la nuit de petites fleurs blanches très odorantes, qui meurent aux premiers rayons du soleil ;
- des cocotiers offrant, à une hauteur accessible au long crochet que nous transportons à bord, de bons cocos verts prêts à être bus ;
- des oiseaux qui tourbillonnent, sternes paradis, nodis, fous en pêche harcelés par ces saletés de frégates qui veulent leur piquer leur poisson, sans oublier les traces de tortues venues pondre ou le cri du titi, ce passereau des Tuamotu qui ne s'envole vraiment que s'il ne peut pas faire autrement ;
- une jolie balade autour de l'îlot, jusqu'au récif spectaculaire où des oursins crayons et autres créatures étranges résistent à l'assaut des vagues brisant sur le corail ;
- et des nuits immenses, sous un ciel fourmillant de galaxies...

Notre studio graphique sous les tropiques

Voilà, je sais que beaucoup de gens s'embêteraient atrocement, sans télévision, sans bistrot, sans rencontres et sans fêtes ; nous, nous ne nous ennuyons pas une seconde, entre autres parce que nous avons le privilège de pouvoir y exercer notre activité professionnelle, écriture, travaux sur nos films et sur nos photographies, activités qui occupent une aussi grande partie de nos journées qu'un emploi traditionnel… La différence, c'est que, lorsque nous levons la tête de nos écrans, nous sommes entourés d'une telle beauté que rien ne nous manque.

Des ouapitis, nous en avons donc découvert quelques-uns, nous sommes conscients de l'immense privilège que cela représente… et nous souhaitons que vous aussi trouviez le vôtre. Même si ce n'est pas aux Tuamotu.

Ci-dessus : Un *kao*, embarcation à moteur, hissé hors de l'eau.

VENTOTENE

Double page précédente : Les façades pastel des maisons de Ventotene dominent le petit port creusé dans la roche par les Romains.
Ci-dessus : Des conserves (non, pas de cannabis…) dans une boutique du village.

Un travail de Romains

Avril 1980, *Om* achève son tour du monde. Après avoir remonté la mer Rouge et traversé la mer Égée en compagnie de Titou, j'ai mis le cap en solo vers la France, où je compte bien ne rester qu'un an, le temps de faire construire un nouveau bateau plus petit, et vite, vite de repartir. La Méditerranée a été clémente, et quelques escales hors saison dans les îles grecques de Rhodes, d'Amorgos ou de Zanthe m'ont laissé quelques belles images, telle cette après-midi passée au milieu de champs constellés de fleurs, dans la campagne d'Amorgos. Mais je ne sais pas encore qu'un coup de foudre m'attend au large de l'Italie, dans la petite île de Ventotene : son port est minuscule, entièrement creusé dans la roche par les Romains, mais l'abri est excellent, et j'y resterai une dizaine de jours, et y écrirai 150 pages du troisième et dernier volume du récit de ma première circumnavigation.

Ci-dessus : Vide lors de ma première visite, le port de Ventotene connaît une grande activité, en particulier pour la plongée lorsque vient l'été.

Ci-dessus : Souvenirs colorés d'une escale à Ventotene.

Drôle de liqueur

Il faut dire que l'endroit est spectaculaire : je suis au pied d'une falaise, mais elle est composée de façades de maisons, peintes de couleurs pastel – en 1980, les peintures ne sont pas de la première fraîcheur. À l'époque, en avril, je suis resté pratiquement seul tout au long de mon séjour, hors la venue de deux petits voiliers croisant en Méditerranée. Mais j'ai sympathisé avec un des habitants de l'île, Emilio le pêcheur, qui m'a emmené découvrir un petit restaurant servant des anchois frais, des poissons à la menthe et au vinaigre, et même une petite langouste. Le lendemain, alors que j'étais en pleine écriture, Emilio est venu à bord pour m'offrir une petite bouteille... de liqueur

Ci-contre : Un pêcheur ravaude son filet sur un quai du port romain.

de cannabis, fruit de ses plantations. Je ne sais pas trop quoi en faire, car si je pense que le cannabis devrait être dépénalisé, je n'ai personnellement aucune attirance pour lui, ni en joint ni en pâtisserie ; à vrai dire en cherchant bien, au cours de mon tour du monde, en six ans, deux joints ont croisé ma route : un dans une baie d'Ilha Grande, au Brésil, mais c'était juste pour rigoler ; l'autre c'était… à la « party » de Nouvel An du banquier américain de l'atoll de Majuro, aux îles Marshall.

Une île, deux prisons

Quand j'en avais assez d'écrire et d'écrire, je débarquais sur le quai – à l'époque encombré d'épaves de barques –, je grimpais la longue rampe qui mène au village perché au sommet de la falaise, et je partais rêver parmi les ruines de la villa Giulia, dans laquelle l'empereur Auguste avait exilé sa propre fille : ses mœurs défiaient la loi romaine. Une somptueuse villa, sans doute, sur le rivage de cette petite île volcanique, mais tout de même une prison, autant que l'autre monument que l'on peut apercevoir de Ventotene : le pénitencier de Santo Stefano, où furent emprisonnés les opposants au régime de Mussolini. Lorsque je rentrais à mon bord, j'avais tout lieu de me réjouir de pouvoir, moi, reprendre le large, à bord de ma goélette.

Ci-contre : Les bateaux de pêche laissent peu à peu la place aux bateaux de plongée.

Ci-dessous : Plusieurs clubs de plongée offrent leurs services sur le quai de Ventotene.

Je suis retourné plusieurs fois à Ventotene depuis ; l'île, alors inconnue, fait partie maintenant des grandes destinations méditerranéennes pour la plongée, elle est moins tranquille en saison… mais le port, aux maisons aujourd'hui repeintes de couleurs chaudes, est toujours aussi séduisant.

Ci-dessous : La coupole de l'église de Ventotene.
Ci-contre : Des maquettes de voiliers prestigieux.

Wallis

Double page précédente : Le lagon de Wallis, vu de la terrasse d'une petite pension de Mata Utu.
Ci-dessus : La baie de Gahi, le meilleur mouillage de Wallis.

Ci-dessus : Un faré de réunion et de pique-nique construit sur la merveilleuse île déserte de Faioa.

Il y a encore des rois en France

Quand les explorateurs et, surtout, les missionnaires envahirent les îles du Pacifique, ils y rencontrèrent des tribus, menées par des chefs que les missionnaires, voulant les flatter, nommèrent « rois », les égalant aux rois de France ou d'Angleterre. Ces rois ont disparu d'à peu près tous les archipels de la région, sauf de celui des Tonga, dont le souverain, jusqu'en 2012, était le très respecté et volumineux roi Tupou IV. La petite île de Wallis, collectivité d'outre-mer française, et sa voisine, l'île Futuna, sont dirigées par trois rois. Celui de Wallis, le *lavelua*, était jusqu'à sa mort en 2007 Tomasi Kulimoetoke II, très respecté de la population wallisienne ; c'est le seul roi dont j'aie eu (dont j'aurai sans doute jamais) l'occasion de serrer la main (à part le roi du Calypso 1983, dans l'île antillaise d'Antigua !).

Des gendarmes résignés

Wallis est composée d'une île centrale, plateau peu élevé découpé de plusieurs baies, et d'une ceinture corallienne qui porte quelques îlots à fleur d'eau ; peu

de voiliers y font escale ; on accède à l'abri du lagon par une passe bien définie sur la côte sud-ouest de l'île. Le meilleur mouillage de Wallis est la baie de Gahi, que protège un récif de corail. Y ayant ancré une fois *Banana Split*, j'avais pu alors gagner le village en auto-stop dans la voiture des... gendarmes ; devant ma surprise de ne pas les voir attacher leur ceinture, ils m'avaient expliqué que ce genre de règlement n'était pas très respecté dans l'île, et que d'ailleurs beaucoup de Wallisiens conduisaient sans permis...
La visite de l'île principale est intéressante, avec le curieux lac Lalolalo et les nombreuses églises construites avec l'aide des fidèles chrétiens, très motivés par les religieux. Quelques traditions se perdent cependant : lors de mon premier voyage, les tombes de tous les cimetières étaient ornées chaque jour de milliers de fleurs piquées sur des tiges fines, mais à présent les fleurs artificielles ont remplacé les fleurs fraîches.

À la recherche du peke-peke

Le faible tirant d'eau de *Banana Split* me permettant d'atteindre des parties du lagon qui restent interdites aux voiliers à quille, j'ai pu passer des journées paisibles dans le lagon nord-est de l'île, où se disputent parfois des régates de superbes pirogues à voile wallisiennes, et, surtout, à l'extrémité sud-est sous le vent de la magnifique île de Faioa, sur une belle longue plage, au bout d'un cap, dans un de ces petits farés collectifs, point de vue idéal pour admirer l'ensemble de Wallis et déguster la spécialité locale, le peke-peke, à base de fruit de l'arbre à pain trempant dans du lait de coco. Wallis ? Un délice !

Ci-contre et ci-dessus : *Banana Split* posé sur le sable fin de la plage de Faioa, incroyablement belle vue du ciel.
Ci-dessous : Pas de pique-nique à Wallis sans un panier de peke-peke, pâte de fruit de l'arbre à pain consommée avec du lait de coco.

SOUVENIRS, SOUVENIRS...

Double page précédente : Accueil inoubliable dans la petite île perdue de Kapingamarangi. *Ci-contre :* Om à l'ancre dans la petite anse de Port Lligat, et au premier plan, la maison de Salvador Dali.

Ci-dessus : Rencontre au sommet avec le divin Dali, un jour d'été 1966.

Port lligat, octobre 1974 : l'invitation à déjeuner de Dalí

Ceux qui connaissent la vie de Salvador Dalí ont reconnu ce nom. C'est là, non loin de Cadaquès, qu'il a construit sa maison surréaliste. Je l'ai découverte l'été où mes *Élucubrations* m'avaient rendu célèbre en quelques semaines ; le réalisateur Jean-Christophe Averty m'avait invité à participer à une scène du « portrait mou » qu'il faisait du maître, et j'avais gardé un souvenir impérissable de l'enthousiasme de Dalí, qui me trouvait « arrr-changélique », et qui se sentait un peu responsable de l'existence de personnes... atypiques comme moi. Alors que je finissais de ranger le pont d'*Om*, une barque s'est détachée du rivage et est venue vers moi : un marin, aux avirons, amenait la femme de Dalí, Gala, venue m'annoncer : « Dalí vous attend à déjeuner. » J'avais prévenu le maître que je risquais de passer par là un de ces jours, mais je ne m'attendais pas à un accueil aussi chaleureux !

J'ai bien sûr accepté, mais pendant que la barque regagnait le rivage, j'ai par prudence, me rappelant les prévisions météo, porté un cordage jusqu'à un gros rocher du rivage... Bien m'en a pris, je finissais à peine mon amarrage quand la première rafale du vent du Nord a dégringolé des collines et balayé la baie, atteignant facilement 80 km/h... Je suis monté un instant jusqu'au belvédère. Le bout de Méditerranée lisse comme un lac que je venais de parcourir s'était soudain transformé en un chaudron infernal, la tramontane annoncée ayant débarqué en force... Me félicitant d'avoir suivi les conseils, j'ai gagné la maison de Dalí pour un repas tout aussi inoubliable, où nous avons fait revivre quelques souvenirs communs, en particulier le jour où il était venu me voir chanter aux arènes de Céret. « Je voudrais que ma présence soit discrète Je vais envoyer mon assistant préparer le terrain... », avait-il dit. Le soir venu, quand je suis monté sur scène, il y avait, au milieu des arènes et de leurs chaises de jardin, un vaste tapis rouge et trois grands fauteuils tarabiscotés où il avait pris place avec Gala et son assistant, accompagné de son ocelot de compagnie, Babou, tenu en laisse...

Le déjeuner s'est achevé, j'ai pris congé de Dalí après avoir pris une photo de lui, et lorsque la tramontane s'est calmée, j'ai remis le cap sur les îles du Soleil... Conservant l'image cette première escale de mon tour du monde, première escale hors de France, inoubliable, surréaliste, et forcément... arrr-chan-gé-lique.

Ci-contre : À la veille de mon départ du Vieux Port de Marseille.

Ci-dessus : Regarde la Bonne Mère (sur la colline de la Garde) et va-t-en rassuré...

Marseille, octobre 1974

Au terme d'une croisière d'essai jusqu'en Corse, en compagnie du champion olympique Marc Pajot et de l'architecte de mon bateau, Michel Joubert, nous regagnons la rade de Marseille, poussés par un violent vent du Sud, qui a fait céder un câble de la barre à roue. Marc s'est emparé de la barre franche et a ramené le bateau à bon port ; à l'instant où nous apercevons la « Bonne Mère » sur la colline de la Garde, comme les marins d'autrefois, je suis rassuré... Le bateau amarré à un des pontons de la très respectable Société nautique de Marseille, je m'attaque aux préparatifs du « grand départ » que je ne veux absolument pas retarder : il y a cinq ans que j'ai promis de partir l'année de mes 30 ans, et j'ai déjà laissé passer mon anniversaire ; peintures, réglages, avitaillement, essais se succèdent, sous l'œil dubitatif des yachtmen ; le plus célèbre d'entre eux, Gaston Deferre, maire de Marseille, est passé me voir, s'est exclamé : « Quoi, vous partez faire le tour du monde en solitaire ? Moi, je ne pourrais pas partir seul, il faut que je baise tous les jours. » Les pilotes du Vieux-Port hochent la tête : « Antoine, la mer va te faire venir les cheveux blancs... »

Mais je ne veux absolument pas faire partie de ces navigateurs qui s'éternisent, pour finir par ne jamais partir ; alors, même si le bateau est loin d'être prêt (l'intérieur est presque vide d'aménagements, le moteur trône, sans couvercle, au centre de la coque), je m'élance le 2 octobre... pour revenir piteusement quelques heures plus tard, le vent m'ayant laissé tomber et la batterie moteur, épuisée par les essais faits durant la journée, me refusant tout service.

Ce n'est que quelques jours plus tard, le 11, que je m'élance enfin, et tout se passe bien. Le Cap-d'Agde, Port-Leucate... À Port-Vendres, les agents météo m'ont vivement conseillé de passer le cap Creux avant midi, s'y trouver par mauvais temps pouvant vraiment tourner au cauchemar ; c'est donc aussi vite que mon moteur me le permet que je fonce, par calme plat, vers la frontière espagnole, tourne le cap, et vais m'amarrer dans une petite baie peu profonde, sous le vent du cap, au pied du hameau de Port-Lligat.

Ci-dessus : Le premier carénage d'*Om*, lors de mon voyage autour du monde, à Abidjan, était vraiment exotique.

Abidjan, mai 1975 : premier entracte de mon tour du monde

À mon départ de France, je pensais me diriger au plus vite vers le sud de l'Afrique, pour gagner l'océan Indien, retrouver mon île natale, Madagascar, les Seychelles, l'Asie du Sud-Est... Seulement, je me suis attardé un peu : l'absence d'aménagements de mon bateau le rendait vraiment invivable, alors j'ai profité de l'invitation de l'arsenal de Dakar pour y faire des travaux ; lorsque je suis prêt à partir, la saison n'est plus très bonne pour le cap de Bonne-Espérance, et surtout, je n'arrive pas à organiser les années à venir ; je sais que je devrai rentrer une fois par an en France pour « faire chanteur », mais quel que soit le bout par lequel j'étudie l'affaire, aucun programme ne semble concorder avec les problèmes de saisons, de cyclones, de mousson... Finalement, je déciderai de n'aller que jusqu'à Abidjan (c'est déjà un changement de continent) et d'y laisser mon bateau trois mois. À mon arrivée, je demande au capitaine d'un remorqueur où je pourrais bien aller ; il me suggère d'aller voir du côté du chantier Caréna. Et j'y suis parfaitement accueilli ; pour la première fois, *Om* sort de l'eau, dans un cadre digne d'un vieux film exotique... Il m'attendra trois mois au sec (si l'on peut parler de « sec » quand la saison des pluies amène des orages ahurissants) et puis je le remettrai à l'eau pour partir sillonner le golfe de Guinée et faire voile vers le Brésil.

Ci-contre : Lors de ma visite, 1978, les femmes de Kapinga avient encore souvent les seins nus.

Ci-dessus : David Madaky, notre copain kapinga, prépare le sashimi.

Kapingamarangi, îles Caroline, janvier 1978

Ce minuscule atoll proche de l'équateur restera sans doute l'une des escales les plus authentiques, les plus dépaysantes de mes voyages : il abrite environ 500 Kapingas, des Polynésiens descendants de voyageurs revenus sans doute du « triangle polynésien » (Nouvelle-Zélande, île de Pâques, Hawaii) atteint par des navigateurs venus d'Asie du Sud-Est au début de notre ère. Nous y avons fait une escale de deux mois, extraordinaires, en 1978, observant les nombreuses traditions préservées, comme la fête des murènes, où des centaines de ces poissons sont cuits sur un feu de bois et dégustés en public, ou comme le premier anniversaire d'un enfant, la culture collective du taro ou la pêche au filet des poissons volants dans la passe au coucher du soleil. Tout au long de notre séjour, l'hospitalité des Kapingas a été sans faille.

Comme c'est le cas dans beaucoup de petites îles du Pacifique, l'influence des missionnaires était si forte que les indigènes étaient d'une pudeur maladive, les femmes gardaient leur robe pour se laver, s'avançant pour cela dans la mer jusqu'à la taille. Plusieurs centaines de natifs de l'île, fuyant la domination japonaise ou déplacés suite à une famine survenue au début du XXe siècle, se sont établis dans l'île capitale de l'archipel, Pohnpei (anciennement Ponape). Je n'ai jamais eu l'occasion de revoir Kapingamarangi, mais lors d'un récent voyage en Micronésie, nous avons pu retrouver les visages et les coutumes kapingas : dans leur village, les artisans kapingas maintiennent vives les traditions artisanales de leur île natale, qu'ils ne peuvent pratiquement pas visiter : l'atoll est dépourvu d'aéroport et aucun cargo ne la visite de façon régulière. Pourtant, exilés loin de leur île natale, ils parlent toujours leur langue, aux racines polynésiennes et parfois assez complexe : ainsi pour dire merci à une personne, on dit « Timeoporoko »; à deux personnes « Timeoporokoto » et à plus de deux « Timeoporoko agoru » !

En annexe

Capitaine de crevette

Nos bateaux ont des coques très coquettes : elles demandent régulièrement à recevoir des traitements de beauté, qui portent le joli nom nautique de « carénage ». Caréner consiste à nettoyer soigneusement la (ou les) coque(s) d'un bateau pour en faire disparaître toute trace d'algues et de coquillages qui s'y accrochent. Le faible tirant d'eau de chacun de mes bateaux m'a souvent permis de le faire en tirant parti des marées.

Mais il faut parfois avoir tout de même recours à un chantier : jadis, j'ai tiré *Om* au sec en Afrique (voir page 216), ou sur le chantier du Cairns Cruising Yacht Squadron, en Australie. Aujourd'hui, on ne peut plus, pour des raisons écologiques caréner sur une plage ; dans les années 1970-1980, c'était encore possible, et je l'ai fait dans une baie déserte du nord du pays : mais j'ai appris depuis que cela pouvait être très dangereux, la région étant habitée de nombreux crocodiles de mer !

La technologie s'est immiscée dans cette pratique et les chantiers les mieux équipés disposent de *travelifts* pour vous soulever en douceur… Celui du chantier de Papeete est gigantesque, et *Banana Split* a vraiment l'air d'un jouet pendu à ses sangles.

Mais mon carénage le plus extraordinaire date de ma remontée de l'Intracoastal Waterway, voie d'eau intérieure qui longe la côte Est des États-Unis : je m'y étais posé sur une plage, au détour d'un des méandres du chenal, quand soudain un hélicoptère des Coast Guards est venu atterrir à côté de moi, croyant que j'étais en difficulté… Je n'ai pas osé leur proposer de venir m'aider à gratter la coque !

Aujourd'hui, sous les tropiques, j'essaie de garder les coques de *Banana Split* toujours propres. Mais, parfois, un port ou un lagon particulièrement fertile suffisent à ce que les œuvres vives se couvrent en quelques semaines d'algues et de coquillages, parmi lesquelles pullulent de minuscules crustacés.
Je me mets alors à l'eau avec palmes, masque et brosse, et je deviens pour un instant un véritable capitaine de crevette.

Bâtir sur l'eau

Est-ce par manque de place à terre, est-ce pour ne pas être embêté par les voisins, mais les hommes ont toujours aimé bâtir sur l'eau leur domicile ou leur lieu de travail ou de pêche.

Dans l'île Madame, ci-dessus, 08on a reconstruit les splendides carrelets qui avaient été détruits par les tempêtes de 1999.

Non loin de là, au long du chenal d'Ors, sur l'île d'Oléron, les ostréiculteurs aiment les couleurs vives.

À l'autre bout de la terre, en Patagonie, les *palafitos sont une tradition, ici dans l'île de Chiloé.*

Pour beaucoup de vacanciers, le rêve absolu, ce sont les bungalows sur pilotis de certains hôtels d'Asie ou de Polynésie.

Et ce phare qui se dresse dans la baie Chesapeake, aux États-Unis n'est pas mal non plus. Vous n'aimeriez pas y habiter, vous ?

Bateaux colorés

En Amérique, de tout temps, on a considéré un voilier, un « yacht », comme un investissement, que l'on devrait pouvoir revendre à tout instant. Pas de singularité, donc, pas question que sa coque soit autrement que blanche. En France, dans les années 1970, on rêvait plutôt de grand départ, de liberté, de tropiques et de couleurs...

Quelques-uns des navigateurs ayant atteint la Polynésie y vivaient à bord de bateaux aux couleurs vives.

Pour ma part, j'avais, au Brésil, croisé un bateau décoré d'une belle arabesque. Piqué au vif, j'ai décidé de décorer pour de bon la coque de mon petit sloop *Voyage*. Trente-trois ans plus tard, *Voyage* a changé de propriétaire, changé de nom, mais il garde ses nuages, ses oiseaux et son arc-en-ciel.

Pour un propriétaire qui partait faire le tour du monde avec un enfant, le chantier Prometa (constructeur de deux de mes bateaux) avait fait réaliser cette fresque.

Du côté des bateaux de pêche, la couleur est souvent bien présente à la Désirade ou au Guilvinec.

Mais je décerne sans aucun doute la palme du bateau le mieux décoré à ce petit catamaran rencontré en Polynésie, dans le lagon de Mangareva, aux Gambier ; s'il vous prenait l'envie de décorer pareillement le vôtre, le peintre s'appelle Christian Deloffre.

Ciels

Dans le ciel doré défilent, comme des moutons
Les nuages d'alizé, courant vers le couchant
Je suis l'cow-boy de l'océan Indien...

C'est ce que je chantais, il y a... longtemps, à bord d'*Om*, faisant voile vers Madagascar. Les nuages d'alizé sont effectivement une douce compagnie, et promettent des traversées paisibles ; mais parfois leurs cumulus se concentrent, et l'on regarde avec inquiétude certains d'entre eux grimper dans le ciel, annonçant des grains et un renforcement du vent.

Parfois, cumulonimbus, ils s'élèvent de façon inquiétante, prennent une forme d'enclume... À bord d'un petit bateau comme d'un petit avion, il vaut mieux éviter de passer dessous...

Et puis le beau temps revient, en même temps qu'on atteint le mouillage, et du bord de *Banana Split*, j'ai tout loisir d'admirer les dessins que forment dans le ciel cirrus et stratus…

Ciel pommelé, femme fardée ne dure qu'une journée, dit un proverbe ; c'est vrai que ces cirrocumulus peuvent disparaître en quelques heures, ils s'évanouissent même parfois en quelques minutes…

… mais qu'ils sont beaux au petit matin, vus d'un atoll désert des Tuamotu !

Vagabonds des mers du Sud

Un vagabond des mers du Sud, tel est le titre du premier livre écrit par Bernard Moitessier. Son parcours a inspiré beaucoup d'entre nous ; j'ai eu la chance de le rencontrer à Tahiti, puis de le retrouver dans l'atoll de Suvarof, et j'ai suivi de loin en loin l'avancement de son livre majeur, *Tamata ou l'alliance*, qu'il écrivit en grande partie… au café des Sports, à Issy-les-Moulineaux, avant de partir mettre la dernière main au manuscrit dans le lagon de Raiatea.

Tout au long de ces quarante ans de navigation, j'ai rencontré au bout du monde, et souvent retrouvé des milliers de milles plus loin, quelques-uns des émules de Moitessier : Patrick Van God, à gauche, après deux naufrages dans l'Atlantique Sud, a hélas disparu définitivement lors d'une mini-transat en solitaire ; ici je l'avais retrouvé dans la baie de Rio.

Maurice et Évelyne (ci-dessus), qui sur Taravana, une ancienne chaloupe du Queen Mary, nous avaient régalés d'oursins pêchés aux grenadines… Trente-huit ans plus tard, après avoir partagé avec nous quelques beaux mouillages polynésiens, les voilà repartis pour l'Asie du Sud-Est.

Petit Frère, et son capitaine Maurice, rencontré à Bahia, retrouvé à Diego-Suarez puis en Nouvelle-Calédonie. Aujourd'hui à bord d'un autre *Petit Frère* qu'il a construit à la Réunion,il effectue une immense boucle dans le Pacifique, de l'Australie au Chili, en Alaska... Je serai heureux de le voir enfin arriver en Polynésie.

Gérard Janichon (ici au Grand Pavois de La Rochelle, en 2001) et son copain Jérôme Poncet m'ont également inspiré, même si le voyage mythique de leur petit *Damien* les avait conduits dans des régions – arctiques et antarctiques – qui ne m'ont jamais beaucoup tenté.

Et puis il y a les moins connus, les Gitans de la mer, comme Inia, compagnons d'escale aux Australes et aux Marquises, aujourd'hui en Nouvelle-Zélande ; une souriante famille québécoise (ci-contre) ou une famille britannique sur un petit cotre de bois écossais datant de 1905.

Petit Frère, et son capitaine Maurice, rencontré à Bahia, retrouvé à Diego-Suarez puis en Nouvelle-Calédonie. Aujourd'hui à bord d'un autre *Petit Frère* qu'il a construit à la Réunion,il effectue une immense boucle dans le Pacifique, de l'Australie au Chili, en Alaska… Je serai heureux de le voir enfin arriver en Polynésie.

Gérard Janichon (ici au Grand Pavois de La Rochelle, en 2001) et son copain Jérôme Poncet m'ont également inspiré, même si le voyage mythique de leur petit *Damien* les avait conduits dans des régions – arctiques et antarctiques – qui ne m'ont jamais beaucoup tenté.

Et puis il y a les moins connus, les Gitans de la mer, comme Inia, compagnons d'escale aux Australes et aux Marquises, aujourd'hui en Nouvelle-Zélande; une souriante famille québécoise (ci-contre) ou une famille britannique sur un petit cotre de bois écossais datant de 1905.

Crédits photographiques

Toutes les photos de ce livre sont d'Antoine ou de Francette Le Guennec,
© Iles… était une fois, à l'exception de :

Photos Shutterstock :

pp. 20-21 et 165 bas droite : R.M.Nunes
p. 22 haut : Pigprox
p. 23 bas : Efired
p. 24 haut : Edmund Lowe Photography
p. 25 haut : Dreamles for sale
p. 25 bas droite : Visionsi
pp. 38-39 : Irina Kuzmina
p. 40 haut : Pecold
pp. 42-43 et 47 : Saiko3p
p. 50 haut gauche : Michal Staniewski
p. 67 haut : Claude Huot
p. 89 milieu : Przemyslaw Skibinski
p. 92 droite et bas : Bill Perry
pp. 124-125 : Sapsiwai
p. 136-137 : Pawel Kazmierczak
pp. 148-149 et 153 : Infografick
pp. 162-163 : nicolasdecorte
p. 165 haut : Ostill
p. 165 bas gauche : Vinicius Tupinamba
p. 214 haut : Gurgen Bakhshetsyan

Photos Wikipedia Creative Commons :

p. 34 haut : Schwede66
p. 35 haut gauche : Mark Lincoln
p. 51 bas : Alexander Vasenin
p. 123 bas : domaine public
p. 164 haut : Elicrisko

Divers :

p. 35 haut droite : New Zealand Herald
p. 114 bas : Arnaud de Belinay
p. 214 bas : Jacques Barde, Roig Media
p. 215 haut : Photo D.R.
Double page « Bateaux colorés » haut gauche : Jean-Pierre Laffont
Double page « Vagabonds des mers du sud » haut gauche : Dominique Charnay

Remerciements

Je tiens à remercier :
Françoise Chabbert, éditions Gallimard,
Denis-Pierre Guidot, Adobe CC (Lightroom nous a permis de retrouver nos meilleures photos parmi les 60000 de notre collection numérique !),
Air Tahiti Nui, pour nos tournages en Polynésie,
Loic Bonnet, Dream Yacht Charter,
et, pour leur accueil, les habitants de toutes les îles, de tous les ports où nous avons eu la chance de faire escale.